子どもが変わる！

心理的安全性のある 学級のすごい仕組み

天野翔太 著
樋口万太郎 監修

学陽書房

はじめに

　本書では、「心理的安全性」という概念を軸に、子どもたちが安心して学び合い、成長できる学級づくりをわかりやすく解説します。
　活発に意見交換をし、主体的に学ぶ子どもたち。失敗を恐れずに挑戦し、伸び伸びと成長する子どもたち。
　そんな姿を実現するのが、「心理的安全性」を取り入れた学級経営であり、本書の実践です。理論に具体的な実践を交えながら、心理的安全性を高めるための方法や、教師のマインドを紹介します。
　学級で意見が出しにくい、いじめが心配など、先生方が抱えている悩みを解決するためのヒントがきっと見つかるはずです。

　令和の時代、子どもを取り巻く環境は大きく変化しています。多様な価値観を持つ子どもたちが共存し、それぞれが持つ可能性を最大限に発揮できるような学級をつくりたいと考える先生方も多いのではないでしょうか。私もそう考える一人です。

　心理的安全性の高い学級では、子どもたちは自分の考えを自由に表現し、友だちの意見に耳を傾けることができます。そして、失敗を恐れずに新しいことに挑戦し、そこから学び、成長していきます。
　読者の皆さんも、きっと私と同じように、このような子どもたちの姿を見たいと願っているはずです。
　さあ、一緒に学び、考え、そして実践していきましょう。
　本書が、あなたの学級をよりよい学びの場に変えるための第一歩となることを願っています。

　2025年2月

　　　　　　　　　　　　　　　　　　　　天治郎こと天野翔太

監修者のことば

　「『心理的安全性』って、最近よく聞くけど、正直よくわからない……」そう思っている先生も多いのではないでしょうか。
　実は、私もそうでした。「心理的安全性」とタイトルがついたビジネス書は多くあり、そういった本を読んでも、じゃあ、実際にはどのように学級で行なっていけばいいのかと悩み、学校現場に置き換えることが難しいと感じていました。
　・定義は書いてあるけれど、じゃあ実際どうすればいいの？
　・どうやって学級経営に活かせばいいの？
　・定義は書いていないその実践は本当に心理的安全性なの？
そんな疑問ばかりが浮かんでいました。
　SNSなどでも「心理的安全性」という言葉だけが独り歩きしているように感じて、私自身がこの言葉を使う時にも実はモヤモヤする気持ちを抱えていたのです。

　そんな時、天野先生に出会いました。天野先生は、私が抱えていたモヤモヤをすべて吹き飛ばしてくれるように、「心理的安全性」について、わかりやすく、そして実践的に教えてくれました。
「ああ、こういうことだったのか！」
と、目からウロコが落ちる思いでした。
　特に、本書で紹介されている「褒めクリップ」(p.30)は、私が現役最後の年に実践してみたのですが、効果は抜群でした！
　本書を読めば、きっとあなたも「心理的安全性」の真の意味を理解し、子どもたちの笑顔あふれる学級をつくることができるはずです。
　ぜひ、手にとって読んでみてください。

2025年2月

樋口万太郎

CONTENTS

第1章 学力・学級力が上がる！心理的安全性のある学級

1. ▶ 心理的安全性で主体的な学級ができる！ ……………………… 010
2. ▶ 4つのポイント「話しやすさ・助け合い・挑戦・新奇歓迎」……… 012
3. ▶ 心理的安全性が高いと学級力が上がる！ ……………………… 014
4. ▶ 心理的安全性が高いと学習効果も上がる！ …………………… 016
5. ▶ 新学期こそ心理的安全性を高めるチャンス！ ………………… 018
6. ▶ 心理的安全性を高める柔軟なリーダーシップ ………………… 020
7. ▶ 心理的安全性を高める教師のツールキット …………………… 022

COLUMN ❶ 職員室の心理的安全性 ……………………………… 024

第2章 子どもが主体的になれる！学級づくりの仕組み

1. ▶ 子どもが話しやすくなる「毎日超簡易1on1」………………… 026
2. ▶ 子どもの「話助挑新」を引き出す「じっくり1on1」………… 028
3. ▶ 褒めクリップで頑張りを可視化しよう！ ……………………… 030

4	▶ みんなの頑張り「クリップレク」が4因子を楽しく引き出す	032
5	▶ 助け合いを習慣づける「先生、あのね」	034
6	▶ 日記と自学の仕掛けで、話しやすさが変わる	036
7	▶ 挑戦が楽しくなる○○頑張り券と賞状	038
8	▶ 「新奇歓迎」が引き出されるデジタルポスト	040
9	▶ 「学級の○○作り」で学級への愛着を高める	042
10	▶ 心理的安全性で保護者との関係もグンと良くなる！	044
11	▶ 下校指導は話しやすさを高めるビッグチャンス！	046
COLUMN ❷	若手時代の反省と試行錯誤	048

第3章 心理的安全性で育む！温かい学級づくり

1	▶ 教師は子どもと一緒に考える仲間！	050
2	▶ ありがとうをたくさん伝える温かい学級に！	052
3	▶ 学級が明るくなる挨拶とニックネームの工夫	054
4	▶ 「助けて」「教えて」と言える子どもを育てる取組	056
5	▶ 変化をチャンスにできる柔軟な学級へ	058
COLUMN ❸	教師主導の運営から子ども主体の運営に	060

第4章 みんなが安心できる！心理的安全性の言葉かけ

1 ▶ 学級の心理的安全性をつくる言葉かけ ……… 062
2 ▶ 子どもが自ら動く教師の「きっかけ言葉」……… 064
3 ▶ 「話しやすさ」と「助け合い」を生む「きっかけ言葉」…… 066
4 ▶ 「挑戦」と「新奇歓迎」を生む「きっかけ言葉」……… 068
5 ▶ 子どもが安心する教師の「おかえし言葉」……… 070
6 ▶ 「話助挑新」を生む「おかえし言葉」……… 072
7 ▶ 子ども自身の言葉で心理的安全性を高める ……… 074

COLUMN ❹ 私と心理的安全性との出会い ……… 076

第5章 学びの密度が上がる！心理的安全性のある授業

1 ▶ 学級づくりと授業づくりは繋がっている！……… 078
2 ▶ 探究心が生まれる算数の授業開き（3年生以上）……… 080
3 ▶ 新しいアイデアや解決策を生むシンキングツール ……… 082
4 ▶ 話しやすさが断然変わる発問
　　〇〇さんの気持ちがわかるかい？ ……… 084

5	▶ 自然と子どもたちの対話が生まれる板書の魔法	086
6	▶ 助け合いを引き出す協働的な学びのコツ	088
7	▶ 子どもの問い返しで挑戦を当たり前に（道徳）	090
8	▶「新奇歓迎」に繋がる自力解決の学び方（算数）	092
9	▶「話助挑新」を促す学びを深めるノート	094
10	▶「話助挑新」できる単元内自由進度学習（社会）	096
11	▶「話助挑新」が加速する個別学習（算数）	098

COLUMN ❺ 問題解決型の授業に心理的安全性はあるのか？ ……… 100

第6章 子どもたちが身を乗り出す！GIGAスクール構想×心理的安全性

1	▶ コミュニケーションが生きる一人一台端末の活用	102
2	▶ ICT端末のスムーズな活用のために	104
3	▶「話助挑新」が活性化するグループチャットの活用	106
4	▶ どんどん自分でできるPCマスターへの道	108
5	▶「助け合い」を引き出すPCマスター免許証	110
6	▶「話しやすさ」を引き出すPadlet活用法	112
7	▶「助け合い」を引き出すCanva活用法	114
8	▶「挑戦」を引き出すKahoot!活用法	116

CONTENTS

- **9** ▶「新奇歓迎」を引き出す生成AI活用法 ……………… 118
- **10** ▶「話助挑新」を引き出すMinecraft Education活用法 …… 120
- **COLUMN ❻** 未来の教育とテクノロジー ……………………… 122
- 参考文献 ………………………………………………………… 123

　本書は、株式会社ZENTechが提唱する「日本版・心理的安全性」から、4つの因子「話しやすさ」「助け合い」「挑戦」「新奇歓迎」、また「きっかけ言葉」「おかえし言葉」の考え方について、許可をいただいた上で引用し、著者自身の実践に落とし込んだものである。

本書の読み方
　第2章以降、項目タイトルに「話しやすさ・助け合い・挑戦・新奇歓迎」の頭文字をとった「話助挑新」のアイコンが入っています。たとえば「話しやすさ」について解説した項目では、「話」というアイコンが入っていますので、目印にしてください。

ご購入・ご利用の前にかならずお読みください
　本書は、2025年2月4日までの情報をもとに、Canva、Microsoft Forms、Microsoft Teams、Padlet、Kahoot!、Minecraft Educationについて解説しています。

- 本書の発行後に各社のサービスや、機能や操作方法、画面の表示、本書に紹介するテンプレートなどが予告なく変更されたり、使用できなくなり、本書の掲載内容通りには操作ができなくなる可能性があります。
- 本書に記載された内容は、情報の提供のみを目的としております。本書を参考に操作される場合は、必ずご自身の責任と判断に基づいて行ってください。本書の運用により想定していた結果が得られない場合や、直接的または間接的な損害が発生した場合も、弊社および著者はいかなる責任も負いかねます。あらかじめご理解、ご了承ください。
- 本文中に記載されている会社名、製品名は、すべて関係各社の商標または登録商標、商品名です。なお、本文中には™および®マークは記載しておりません。

第1章

学力・学級力が上がる！心理的安全性のある学級

心理的安全性で主体的な学級ができる！

心理的安全性って？

　心理的安全性は、ハーバード大学の組織行動学者であるエイミー・C・エドモンドソン教授が最初に提唱した概念です。「率直に発言したり懸念や疑問やアイデアを話したりすることによる対人関係のリスクを、人々が安心して取れる環境のこと」としています（エドモンドソン 2021：49）。さらに、Google社が社内調査「プロジェクト・アリストテレス」の中で再発見し、チームにとって「圧倒的に重要」と結論付け、注目を集めました。

　近年では、ビジネスでのチームビルディングに応用され、社員の生産性が上がり、組織の活性化へとつながっています。その効果が着目され、教育現場でも少しずつ聞かれるようになったわけです。私は、「心理的安全性＝自分の考えや意見を自由に言い、失敗を恐れずに挑戦できる環境」と捉えています。

心理的安全性があると主体的な学級になる！

　心理的安全性が高まると、子どもは学習に積極的に取り組み、学習効果が向上します。また、子ども同士の協働や助け合いが活発になり、学級のまとまりが強くなります。結果として、主体的な学級になっていき、次のような主体性がより見られるようになりました。

〇授業や行事等への自発的な参加
〇表現の自由による積極的な自己表現
〇自分たちで問い、自分たちで考え、自分たちで解決する

心理的安全性のある学級の様子

自分たちで企画・運営を進めた「3の4卒業集会」での集合写真です。
学級全員が、様々な発想を出し合いながら進めて行きました。

子どもたちは、「楽しいことを考える天才」です。自由に自己表現できれば、このような面白い姿も目撃できます。

　心理的安全性が高まることによって、子どもたちの主体性は間違いなく引き出されます。大事なことは、

　〇リーダーのマインドセット
　〇環境設定（仕組み作り）

です。これから具体的に紹介していきます。

2 4つのポイント「話しやすさ・助け合い・挑戦・新奇歓迎」

心理的安全性を高めるための4つの因子って？

　株式会社ZENTech（日本における心理的安全性を軸とした、組織開発、人材開発、コンサルティングを行っている企業）は、日本の組織文化・働き方・職場環境に合わせた「日本版・心理的安全性」づくりに取り組んでいて、心理的安全性を高めるために重要な因子（要素）を見出しています。

　その4つの因子が、

①**話しやすさ**
②**助け合い**
③**挑戦**
④**新奇歓迎**

です。

　これらは学校現場の視点で見てみれば、昔から大切にされてきたことばかりです。これらの頭文字をとって「話助挑新（わじょちょうしん）」と言われています。

4つの因子、略して「話助挑新」

　同社が提唱している4つの因子「話助挑新（わじょちょうしん）」の意味は、右の図の通りです。教育現場に当てはめて見てみましょう。

　「話しやすさ」は、他の3つの因子の土台です。これが確保されていると、子どもの率直な意見や問いなどが学級の中で飛び交います。

　「助け合い」は、問題により適切に対応しようとする時や、よりよ

いアウトプットを目指す時に大切な因子です。これが確保されていると、子どもたちは相談し合い、協働・協力して活動を行うことができます。また、相手への意識をもち、目的意識に沿って、目標を成し遂げようとするようになります。

「挑戦」は、学級に活気を与えるとともに、新しいことを模索するために大切な因子です。これが確保されていると、子どもたちからアイデアや意見が出やすくなり、学級全体の挑戦の総量を増やします。

「新奇歓迎」は、子どもたち一人ひとりが個性を輝かせ、よりよい学級づくりを行うために大切な因子です。これを確保すると、子どもの多様性を学級経営や授業づくりに生かしやすくなります。

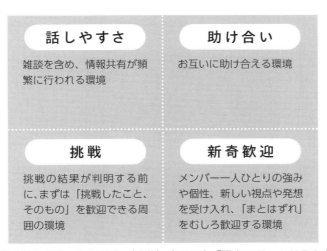

出所：原田将嗣（著）、石井遼介（監修）（2022）『最高のチームはみんな使っている 心理的安全性をつくる言葉55』飛鳥新社

学級に当てはめてみよう！

心理的安全性４つの因子「話助挑新」を、まずは自分の学級の状態把握に活用してみましょう。つまり、この４つのうち、何が足りていないのか、「話助挑新」をモノサシとするということです。

どの因子にフォーカスする必要があるかがわかれば、より適切な手立てが打てるようになります。

3 心理的安全性が高いと学級力が上がる！

よりよい学級集団づくりが進む！

　心理的安全性が高いと学級力は間違いなく上がります。例として、令和4年度に担任していた学級の子どもたちに対して行った「学校評価アンケート」と「よい授業アンケート（さいたま市全校共通アンケート）」から、心理的安全性の高まりと学級力の関連を見てみます。

　「学校評価アンケート」の「悩み相談」の項目では、子どもたちからの肯定的評価の回答が100％でした。「話しやすさ」が確保されていることがわかります。また、「思いやり」の項目については肯定的評価が96.6％、「協力」の項目については肯定的評価が100％でした。子どもたち自身が「助け合い」ができる学級だと評価しています。

　さらに、「よい授業アンケート」の「児童・生徒の活動」の項目では、評価が「平均3.9p（4pが最高値・全5項目では計19.6p）」と最高水準でした。ここから、「挑戦」「新奇歓迎」の学習活動が行われていると捉えることができます。

　そして、人間関係プログラムアンケート（さいたま市全校共通アンケート・3年生以上年3回実施）では、「楽しい学級」の項目で3回とも肯定的評価が100％でした。「話助挑新」できているからこその結果だと捉えています。令和5年度、そして、令和6年度のアンケート集計の途中経過でも同様の結果が出ています。理論と実践が噛み合った結果ともいえるでしょう。

　エイミー・C・エドモンドソン氏は、チームの心理的安全性を構築する効果として、「職場の仲間が互いに信頼・尊敬し合い、率直に話ができる。」（エドモンドソン 2021：30）と述べています。

これは学級でも同じことがいえます。心理的安全性が高まるからこそ、お互いを思いやり、話しやすくなり、よりよい学級集団づくりが促進され、学級力が上がるのです。

安心感・信頼感のある教室へ

運動会の表現運動について、話し合い、助け合いながら、オリジナルの振り付けにも挑戦しました。

「ハロウィン」のような季節行事も、自分たちで考え、自分たちで実行できるようになります。

　一人ひとりの子どもが、自分の考え・意見を自由に言い、失敗を恐れずに挑戦できる環境をつくるには、心理的安全性を高めていくことが欠かせません。

第1章　学力・学級力が上がる！　心理的安全性のある学級　　15

4 心理的安全性が高いと学習効果も上がる!

深い対話ができる道徳の授業

　ある日の「特別の教科　道徳」(以下：「道徳」)では、第2学年に対して「国際理解、国際親善」をテーマに授業をしました。

　テーマと教材を踏まえた上で、子どもたちはたくさんの「問い」を出します。その中から、「他国の人と友情や理解を育てるには？」という本時の中心の問いを自分たちで決め、哲学対話(対話の参加者が問いを出し合い、一緒に考えを深めていくという対話のあり方のこと)を通して考え、議論しました。

　心理的安全性が高いからこそ、「なんで？」「どうやって？」「どういうこと？」「本当に？」などの問い返しが子どもたちからたくさん投げかけられます。

　そして、それらの問い返しによって、「日本のことを大切にすること」と「外国にも魅力がある」という本時のねらいに迫る発言が出てきました。学習効果が向上している証といえます。

　参観されていた保護者も、子どもたちの対話の深さに感心されていました。

心理的安全性が高い環境でこそ、学びが深まる

　主体的・対話的で深い学びの土台は、間違いなく学級の環境です。学級の学びに向かう環境が整っていなければ、主体的な学びも対話的な学びも深い学びも実現することはできません。

　エイミー・C・エドモンドソン氏は、チームの心理的安全性を構築

する効果として、「学習行動の増加」を挙げています（エドモンドソン2021：63）。これは、子どもたちの授業においても同様のことがいえるでしょう。信頼関係があり、話しやすい環境では、新しい意見を受け入れたり、学習へ挑戦する意欲が出てくるものです。

「対人関係のリスクをとっても大丈夫だ」と、子どもたちが感じているからこそ、多面的・多角的見方・考え方を働かせた議論ができ、深い学びへと繋がっていくのです。

心理的安全性が高まるからこそ、主体的・対話的で深い学びが促進され、学習効果が上がります。

環境や教師の働きかけに注目しよう

道徳の授業を一例に挙げましたが、他の教科等でも同様です。

心理的安全性を高めていけば、

自分たちで必要を感じて見出した問いについて、学級の中で様々な角度から意見を述べ合い、よりよい解決へと進めること

ができるようになります。

一方で、授業中に「粘り強く取り組めない」「話し合いが途切れてしまう」「いつも同じ子ばかりが発言する」などといった悩みは、どこの学級にもあることだと思います。

これを子どもの特性や問題にしてしまいがちですが、

- **教室の環境や空気感は大丈夫か？**
- **教師の働きかけは子どもに響いているか？**

と、問い直すことも大事ではないでしょうか。

学級の心理的安全性が、初めから高いことはほとんどありません。まずは教師が４因子「話助挑新」を意識しながら、普段の教育活動一つひとつに取り組んでいくことが大切です。「千里の道も一歩から」です。

5 新学期こそ心理的安全性を高めるチャンス！

黄金の3日間から心理的安全性を取り入れよう！

　新学期が始まった4月、学級経営で話題になることと言えば、「黄金の3日間」です。学級開き後の3日間は、子どもたちの意欲と緊張感が適度に高く、指導が定着しやすいという教師の経験則から、この言葉が生まれたとされています。

　私自身も、黄金の3日間を意識しています。「話助挑新」に合わせた4つの語り（p.56-p.59参照）もここで行います。新学期の、新しい仲間、新しい教師、新しい教室という新たな環境は、子どもたちにとって新たなスタートを切るチャンスです。ここから「話助挑新」を取り入れて、1年を通して心理的安全性のある学級にしましょう。

一人ひとりをしっかり褒める！

　とはいえ、学級の心理的安全性を高めるには、3日間だけでは足りません。この3日間に限らず、新学期に取り組めることを紹介します。

　特に新学期は、「話しやすさ」の因子を踏まえた取組を意図的に増やしています。その中で、私が特に重要視していることが、「一人ひとりをしっかり褒めること」です。

　新学期の子どもたちの意欲と緊張感がほどよく高い時期だからこそ、教師の褒め言葉が響くはずです。「姿勢のよさ」「相手の目を見る」「下駄箱の靴をそろえる」「気持ちのよい返事」など、初日からたくさんの褒めポイントが存在します。これらを一つひとつメモなどで把握しておき、褒めることで子どものやる気と教師への信頼感を引き出し

ていくのです。

　心理効果の視点からみれば、「エンハンシング効果」(他者から褒められる、期待されるといった称賛を受けることで、内発的なモチベーションが向上していくこと)を用いているともいえますね。「褒められる」という外発的動機によって、意欲といった内発的動機が強まるということです。

　このように子ども一人ひとりの教師への信頼感が高まっていくと、学級の心理的安全性は高まりやすくなります。

　そして、子どもたちを褒める時は、特に「笑顔」でいることを意識します。どんな小さなことでも、子ども一人ひとりの頑張りやよさを認め、しっかり価値づけしていきましょう。

心理的安全性をつくる3つのポイント

　「子ども一人ひとりとの信頼関係の構築」を意識した新学期での教師の関わり方は、他にもあります。たとえば、以下の3つがポイントです。

①教師の積極的な自己開示
②失敗を恐れずに挑戦する文化の醸成
③多様性を尊重する文化の醸成

　特に①「教師の積極的な自己開示」とは、教師自身の好みについてや経験の語りだけではなく、強みや弱みを認めることも含みます。ユーモアを加えながら自分の弱みを語ることができれば、子どもたちに対して自己受容の重要性を示すことになります。さらなる信頼関係の構築へと繋がるわけです。

　これがお手本になり、子どもたちも自分自身を受け容れる大切さに気づきます。その姿勢が、さらに周りの友だちも受け容れることに繋がってくるのです。

6 心理的安全性を高める柔軟なリーダーシップ

柔軟なリーダーシップを

　チームに心理的安全性をつくる際には、まず「リーダー」の存在が欠かせません。学級で言えば、初期段階ではほぼ必ず教師がリーダーとなるでしょう。

　そもそも教師のリーダーシップとは、端的に言えば、「子どもたちの成長に対して影響を与える能力」です。

　教師のリーダーシップには、柔軟さが求められます。それは、「学級や子ども一人ひとりの状況やニーズに応じてその在り方を調整する能力」です。

　これを発揮するためには、子どもたちの多様性を理解し、尊重することが大切です。たとえば、SEL（社会的・感情的学習）プログラムや個別学習の実施などが挙げられます。さらに、新しい教育技術（たとえばICTの活用など）を取り入れながら変化に対応する柔軟性も必要です。

いい学級には必ずいいリーダーがいる

　学級経営がうまくいくかどうかは、教師のリーダーシップに左右されるとも言えます。もちろん原因のすべてが教師のリーダーシップではないですが、大きな影響があることは皆さんも実感していることでしょう。

　リーダーシップは「学ぶことが可能なスキル」とも言われています。教師自身も日頃から学ぶ姿勢を見せることが、子どもへの姿勢にもな

るはずです。

　リーダーシップにも、コーチ型リーダーシップを持つ先生や、奉仕型リーダーシップを持つ先生などいくつかのスタイルがあります。状況やニーズに応じて、意識して使い分けたいですね。

柔軟なリーダーシップの5つのポイント

　教師が柔軟なリーダーシップを発揮するためのポイントは、以下の5つだと考えています。

①**自己認識**：自分自身の強みと弱みを理解し、自己改善に努めること
②**状況認識**：状況を正確に理解し、それに応じて行動すること
③**児童理解**：子ども一人ひとりの能力や言動のもとになる背景など、子どもの多様性を理解し尊重すること
④**コミュニケーション**：子どもや他の教職員との効果的なコミュニケーションを図ること
⑤**学習意欲**：新しい概念や教育方法等を学び、自己の教育実践を改善する意欲をもつこと

　簡単にできることではありませんが、定期的に問い直したいことです。私は特に、③「児童理解」に努めることを意識しています。たとえば、「毎日超簡易1on1」(p.26-p.27参照)や「じっくり1on1」(p.28-p.29参照)を行っています。お話を聞いてもらいたい子どもたちはたくさんいます。だからこそ、子どもたちの話にしっかり耳を傾けたいものです。1on1を通して子どもたち一人ひとりのよさや好きなこと、苦手なことなどを少しずつ理解していきます。「先生に話を聞いてもらえた」という子どもの気持ちが、教師のリーダーシップの信頼へと繋がっていきます。

7 心理的安全性を高める教師のツールキット

リーダーのツールキット

エイミー・C・エドモンドソン氏は、心理的安全性をつくるリーダーの行動について、「心理的安全性は、相互に関連する3つの行動によって生み出される。その行動とは、土台をつくる、参加を求める、生産的に対応する、の3つである。」（エドモンドソン 2021：192）と述べています。

そして、リーダーシップのためのツールキット（特定の目的や活動に役立つ一連の知識とスキル）を提案しています。

教師の具体的なツールキットを見てみよう

右の図は、上述したツールキットを基に、私が作成した「教師のツールキット」です。p.20-p.21で挙げた「柔軟なリーダーシップの5つのポイント」にも繋がっています。

たとえば、ツールキット「3 生産的に対応する」においては、「感謝を表す」「失敗こそ宝とする」「明らかな違反行為については毅然とした対応をする」の3つを意識します。

「感謝を表す」行動として、私は「ありがとう」をたくさん使っています。たとえば、ツールキットにしたがって、土台をつくり、参加を求めることにより、勇気を出して発言したり行動したりした子どもがいたとします。ここで、教師がどう反応するかが、重要です。その質がどうであれ、何かを指摘してしまえば、その子どもの信頼感は間違いなく下がります。

一方で、もし最初に「〜してくれてありがとう」と感謝すれば、どうなるでしょうか？　きっと、その子はまた発言したり行動したりするようになります。

【教師のツールキット】

1. 土台をつくる
・様々なことに対する理解を子どもと共有しよう！
・子どもの話にしっかり耳を傾けよう！
2. 参加を求める
・教師もわからないことがあると伝え、子どもと悩む仲間の１人でいよう！
・子どもに問いかけ、一緒に考えよう！
・話助挑新を引き出す仕組みを作ろう！
3. 生産的に対応する
・「ありがとう」をたくさん伝えよう！
・「失敗こそ宝」と何度も語り掛けよう！
・「人の心や体を傷つける行為は絶対に許さない」
　という態度も大切！

話 助
挑 新

日々の指導と照らし合わせる

　「土台をつくる」「参加を求める」「生産的に対応する」の３つの行動を心掛け、実践することによって、学級に心理的安全性を築き上げていきます。どれか１つが欠けても、心理的安全性を高めることは難しいです。

　しかしながら、「教師のツールキット」を心掛け、実践できるようにすることは、並大抵のことではないかもしれません。若い頃の私を振り返ってみても、できていなかったことが多いです。もちろん今も「うまく実践できなかったな」と反省する日もあります。

　そんな時は、自分自身の在り方に対する日々のリフレクションが大切です。自己内対話をするわけです。

　そのための手段としても、このツールキットを活用することをお勧めします。その日１日の教師としての言動を具体的なレベルで振り返ることができれば、自身の成長にも繋がっていくことでしょう。

― COLUMN 1 ―

職員室の心理的安全性

　学校現場は、これまでにない大きな転換期を迎えています。GIGAスクール構想の加速に伴う学びの在り方の検討、教師不足に伴う業務の増加等、様々な課題があります。だからこそ、学校現場の教師たちはこれまで以上に力を合わせ、新しい教育課題に対応した学校改善に取り組む必要があると考えています。

　そのためには、風通しのよい職員室、つまり、「心理的安全性の高い職員室」が欠かせません。また、職員室の心理的安全性が高まれば、教師の子どもの成長に対する健全な議論が行いやすくなるため、子どもたちの学びや成長に寄与する環境が整います。

その結果として、「学習意欲の向上」や「創造性の促進」など様々な効果が子どもたちに波及していきます。

　正直に言えば、私は「大人の心理的安全性を高めること」が苦手です（笑）。しかしながら、最近は4因子「話助挑新」を意識した取組を、学年主任及び研修主任として行っています。

　話しやすさ：「〇〇さん、おはようございます！」「～してくださり、ありがとうございます。」と、挨拶や感謝の気持ちを伝える。
　助け合い：私自身が協力を求めたり、相談してくれた相手と一緒に解決策を考えたりする。さらに、自分の強みを伝えた上で助けを求めやすい環境（「ICTパワーアップミニ講座」の定期開催等）をつくる。
　挑戦及び新奇歓迎：それぞれの教師の個性や強みを生かした創造的実践を後押しする。

　私がこういった取組ができるのは、校長先生をはじめとした管理職の先生方のおかげです。校長先生の心理的柔軟なリーダーシップがあるからこそ、職員室の心理的安全性は高まっていくと感じています。

第2章

子どもが主体的になれる！学級づくりの仕組み

1話 子どもが話しやすくなる「毎日超簡易1on1」

1on1って何？

　第2章以降は、4因子「話助挑新」を高めるための具体的な手立てについてお伝えします。まずは「話しやすさ」を高める「毎日超簡易1on1」についてです。ビジネスの世界では、上司と部下が1対1で個別に対話をすることを「1on1」と言います。学校教育の文脈で考えてみると、教師と子どもが1対1で個別に会話する……と捉えることができます。

　ところで皆さんは、「毎日学級全員の子どもと関わりましょう」と言われたことはありますか？　私は若い頃によく言われました。また今では、自分が若手の教師に伝えることの1つでもあります。

　ただ実際は、毎日学級全員の子どもと関わるのは、意外と難しいものです。「実際にどうやってよいかわからない」という悩みも、私自身よく聞きます。

　そこで今回提案したいことが、「毎日超簡易1on1」なのです。

「毎日超簡易1on1」で負担なく話そう！

　「超簡易1on1」は、子どもとのやり取りが往復1回でよいと割り切って行います。たとえば、子どもの挨拶に教師が挨拶返しをするなどです。私は、少なくとも毎日5回以上、学級の子どもたち一人ひとりと関わることを目標にしています。

　実際に行っている「超簡易1on1」の場面は、以下の通りです。

> ①朝の挨拶
> ②授業中の価値づけ
> ③休み時間の遊び

　この３つの場面に加え、給食の時間、掃除の時間などに意識して行えば、超簡易ではありますが１日１人５回以上関わることができます。

❶　朝の挨拶
(例) ○○さん、おはよう！　今日も自分から挨拶できて素敵！
毎朝教室で子どもたちを出迎えています。子どもの挨拶に返しつつ、一言加えます。

❷　授業中の価値づけ
(例) どうしてそうしようと思ったの？　……なるほど、すごいね！
すべての授業を通してであれば、１人１回やり取りをすることは、決して難しいことではありません。

❸　休み時間の遊び
休み時間の遊びこそ、コミュニケーションのチャンス！　外遊びも中遊びも一緒にやることでいろいろな子どもたちと関わることができます。

子どもの話しやすさを引き出す

　大事なことは、なんのために「毎日超簡易1on1」を行うかという目的です。私は、「子どもたちが少しでも話しやすくなるように」行っています。もちろん単純に子どもたちとコミュニケーションをとることが好きって理由もあります。
　やり取りは何も言葉だけでなされるわけではありません。表情やジェスチャーでも子どもたちにはしっかり伝わります。

2  子どもの「話助挑新」を引き出す「じっくり1on1」

「じっくり1on1」って？

さらに深く子どもと向き合うための方法が「じっくり1on1」です。これは、「毎日超簡易1on1」とは正反対で、4因子「話助挑新」を引き出すことをねらいに、一人ひとりの子どもたちと時間をかけて話をするものです。

皆さんは、学期に1回以上子どもたち一人ひとりとじっくり話をする機会を作っていますか？　私は若い頃、全員とこの時間を確保することがなかなかできませんでした。

しかし、ねらいをもって子どもとじっくり話をすることの価値に気付いてから、意識して確保することができるようになりました。

1on1をすることで得られるもの

そもそも「よい1on1」とは、どんな1on1でしょうか？　私は、

①子どもに新たな気付きや問いが生まれること
②子どもの行動の選択肢が増え、行動の幅が広がること

の2つがある1on1を「よい1on1」と捉えています。「子どもの成長のための時間」になるようにすることが大切だといえます。だからこそ、子どもに聞くことはねらいをもって決めたいものです。

じっくり1on1での問いかけ

実際に子どもたちとのじっくり1on1で特に使っている言葉を紹介

します。

①最近学校で楽しかったことは？

【子どもの楽しいを知る】

　「楽しい」は、子どもによって感じるポイントが違います。だからこそ、これを理解した上で、子どもに頼ったり意見を聞いたりすることは、「挑戦」や「新奇歓迎」の因子を高めます。

②先生に知っておいてほしいことはあるかな？

【子どもの判断を大切に】

　どこまで開示するかの選択権を子どもに委ねることで、逆に子どもが話しやすくなります。子どもに「ありません」と言われても、「また何かあれば教えてね。」と、しっかり受け止めることが大切です。

③ここまで話してみてどんな気持ちかな？

【子どものメタ認知＊が働く】

　子ども自身が1on1を振り返ることができるとともに、まだ言えていなかった不安などの感情も話せるようになります。互いの会話自体を俯瞰することで、「助け合い」の感覚が得られやすいです。

　＊　自分の思考を客観的に捉えること。

「じっくり1on1」のタイミング

　「じっくり1on1」は、学期初めや学期終わりに行うことをお勧めします。

　大切なことは、子どもの成長のための時間と捉え、教師が聞きたいことではなく、子どもが話したいことを引き出すようにすることです。そして、４因子「話助挑新」を引き出し価値づける、教師のカウンセリングマインドと言葉です。

　ぜひ学期に１回以上は、子どもたちの話をじっくり聞いてみてください。

3 話 助 挑 新
褒めクリップで頑張りを可視化しよう！

褒めクリップとは？　～トークンエコノミーの活用～

　褒めクリップとは、子どもが褒められるような言動をした時に渡すゼムクリップのことです。渡された子どもは、専用の容器に自分で入れます。この容器にクリップがいっぱいになったら、学級レク等を行います。「ビー玉貯金」と呼ばれる実践と似ています。

　この実践は、「トークンエコノミー」と呼ばれる「ABA（応用行動分析）の理論に基づき行われるご褒美システム」に基づいて行っています。ねらいは、子どもの望ましい言動に注目し強化することで、その言動を増やし、よりよい学級になるようにすることです。

　一人ひとりの子どもたち及び学級全体の頑張りや成長等を可視化できることがこの実践のよさです。

「話助挑新」のすべてを引き出す褒めクリップ

　私は、年度当初に「褒めクリップ」について子どもたちに説明します。その際に、以下の2つのことが大切だと伝えています。

①自分で自分の言動をアピールすること
②友だちのよさや頑張りを伝えること

　1つ目については、本人の「誰かを助けたこと」や「何かにチャレンジしたこと」「面白いアイデア」等をどんどんアピールしてもらいます。アピール下手、出る杭は打たれるという考えが根強い日本人ですが、自分で自分の頑張りや成長をアピールすることは自己肯定感を高めることにも繋がります。どんどんアピールしてもらいましょう。

2つ目については、「先生は『友だちがこんなこと頑張っていたよ』というお話が大好物です。」と伝えた上でのことです。こっそり教えてくれる子どももいれば、嬉しそうに大きな声で教えてくれる子どももいます。教えてくれた子どもにクリップを渡すとともに、褒められた友だちにも渡します。Win-Winな関係ですね。

　このどちらも、担任と子どもが話すきっかけの1つにもなります。結果として、「話しやすさ」「助け合い」「挑戦」「新奇歓迎」のすべての因子が引き出されることになるのです。

1つの容器を満杯にする度に、少し大きな容器に変えていきます。初めは「無理だよ！」と言うのですが、割とすぐ溜まっていきます。年間で9個程度になります。

個人の頑張りが集団に還元される！

　トークンエコノミーを活用した褒めクリップは、外発的動機付けです。ご褒美への批判的な意見もありますが、大人だって報酬を得て仕事等を行っているのです。多くの人に有効な手立てだと研究からもわかっているわけですから、どんどんクリップを使って頑張りを可視化していきましょう。

　ただし、このご褒美が個人だけに目を向けられると、個人主義に走ってしまう子どもも出てきます。だからこそ、一人ひとりが頑張って貯めたクリップが学級に還元される、というところがポイントになります。「褒めクリップというトークンエコノミーを集団に生かす」ことを意識して行いましょう。

4 話 助 挑 新
みんなの頑張り「クリップレク」が4因子を楽しく引き出す

クリップレクは学級みんなの頑張り

「褒めクリップ」の取組の延長線上にあるものが、「クリップレク」です。褒めクリップの容器が満杯になったら、子どもたちが楽しめる企画として「クレップレク」を行うのです。

一人ひとりの頑張りや成長等を可視化するものが「褒めクリップ」であるならば、みんなの頑張りと捉えるものが「クリップレク」です。「褒めクリップというトークンエコノミーを集団に生かす」ための取組でもあります。

いわゆる学級レクを行うこともあれば、子どもたちが考えた取組を行うこともあります。褒めクリップの容器が満杯になってからクリップレクを行うまでの過程と、そのレク自体が、さらなる4因子「話助挑新」を引き出してくれます。

全員が楽しめるクレップレクを考えよう

クリップレクは、学級活動の時間（25分程度）を使って行っています。

クリップレクの内容は、もちろん子どもたちが決めます。ただ、最初に「なるべく多くの子どもが楽しめる内容にしよう」というねらいは提示します。みんなの頑張りの成果の形でもあるからです。私の学級で行っている決め方は、以下の2つです。

①**教師によるMicrosoft Formsを用いたアンケート**
②**レク係等によるアンケート（アナログorデジタル）**

クリップレクも回数を重ねていくと、教師主導から子ども主体に変わっていきます。「なるべく多くの子どもが楽しめる内容」というねらいがあるからこそ、レクを決める過程での話し合い等に、「助け合い」や「新奇歓迎」が生まれます。

実際に行ったクリップレク

- いろいろな鬼ごっこ
- いろいろなドッジボール
- バスケットボール
- 室内レク（忍者ごっこやウィンクキラー、くまが来た等）
- Kahoot! 大会
- ○○発表会
- 有志が作った謎解きワールド in Minecraft Education

私も驚いたクリップレク

- 夢の授業（1日の時間割を子どもたちが決め、有志の子どもたちが教師として授業もやる取組）
　⇒授業を行う子どもたちの教材研究の様子にも驚きました。「助け合い」「挑戦」「新奇歓迎」のすべてが詰まっていました。

全員の頑張りを可視化する効果

クリップレクをやると、

「先生、またやりたい！　だから、みんなで頑張るね！」

という子どもが必ずいます。このような発言を全体で価値づけましょう。そして、「クリップレクに込められたみんなの頑張りを可視化し楽しむ」という教師の願いを取組のたびに語ると、より効果的です。

5 助け合いを習慣づける「先生、あのね」

友だちの頑張りを言語化しよう

「先生、あのね」と言えば、日記の書き出しを思い浮かべる先生方が多いのではないでしょうか？ もちろん日記でも行える取組ではありますが、本書では直接の対話をメインとして紹介します。

子どもたちの「助け合い」を習慣づけていくために大事なことは、たくさんあります。その中でも私は、特に「助け合いが生まれる仕掛けをする」「助け合いを価値づける」の２つを意識しています。

「褒めクリップ」でも使える手法ですが、クリップの報酬がなくても、日頃から子どもたちからこの言葉を引き出すようにしています。褒めクリップと同じように、「先生は『友だちがこんなことを頑張っていたよ』というお話が大好物です。」と伝えておくとよいでしょう。

「先生、あのね、〇〇さんが△△してくれたよ！」

上述したような「大好物」を伝えておくと、毎日１人、２人が話をしにきてくれます。この教師の宣言自体が、子ども同士の助け合いを引き出す仕掛けになっているわけです。

話がない日が続くなあと感じる時は、「最近大好物がないんだよねえ……」と、子どもたちに正直に伝えます。すると、嬉しそうに伝えにきてくれる子どもが必ずいます。これも「仕掛け」の１つです。本当は大好物がないと寂しいんです！

また、大好物の話があったことを、関係している子どもに伝え、価値づけることで、対象の子ども自身も喜ぶわけです。時には、全体で

その話を価値づけることもあります。

【子どもの話に対するおかえし言葉】

子ども：先生、あのね、〇〇さんが算数の時間に教えてくれたんだ！
教　師：それは嬉しいね！　どんなこと教えてくれたか教えてくれる？
　　　　……教えてくれた〇〇さんは、助け合おうとする気持ちが素敵だね！
子ども：先生、あのね、〇〇さんが掃除、頑張ってたよ！
教　師：どんなふうに頑張ってた？
　　　　……なるほど、それは凄いね！　でも、それを伝えてくれたあなたも、相手を想う気持ちがしっかり表れているよ！

笑顔でポジティブな雰囲気が「話しやすい」に繋がる

「仕掛けと価値づけ」を繰り返し行うことで、子どもたちの助け合いは習慣づいていきます。大好物の話をしに来てくれた子どもに対して、

〇〇さん、教えてくれてありがとう！　めっちゃ嬉しい！

などと伝えることで、教師に対する「話しやすさ」の因子も自然と高まっていきます。

またこの時に、笑顔で頷きながら話を聞くと、「先生はしっかり話を聞いてくれるなあ」という思いも子どもに生まれます。この思い自体も、助け合いに繋がっていくものです。

さらにこの実践を継続することのよさの１つは、

子どもが先生に言いに来る話＝マイナスじゃなくてプラスの話

と、教師自身も感じられることだと強く思います。

プラスの話題を学級全体に広めていき、助け合いの空気をどんどんつくっていきましょう。

6 話 日記と自学の仕掛けで、話しやすさが変わる

コミュニケーションの絶好のチャンス！

　家庭学習の１つとして、日記や自主学習を取り入れている先生は多いことでしょう。私もその内の一人です。

　ところで、これらを取り入れている先生方は、どのようなねらいで行っているのでしょうか？　「書く力の向上」「自己学習能力の育成」など様々なねらいがあると思います。

　もちろん私もこれらのねらいは意識していますが、一番のねらいは、「子どもたち一人ひとりが教師と話しやすくなる」です。

話しやすさが変わる日記と自学の仕掛け

①日記での仕掛け：「書きたい時」に書いた日記にしっかりコメント

　日記は毎日書くことで、様々な効果が望めます。しかし、強制的に書かされる日記ほど苦痛なものはありません。だから子どもたちにも「日記は書きたい時に書こう」と強調しています。「やりたい時にやっていい」という緩さは、逆に書く気持ちを刺激するのです。

　その分、日記を書いてきた子どもたちには、しっかりコメントをします。コメントは最後に長く書くのではなく、「実況中継風にところどころ短く書く」ことをお勧めします。コメントには、保護者や子どもたちからの喜びの感想も多く、ポジティブな循環が生まれます。

②自学での仕掛け：けテぶれを生かした一言

　自学では、葛原祥太氏が提言している「けテぶれ」を取り入れてい

ます（葛原 2019）。詳しくは巻末の参考文献（p.123）を参照していただければと思いますが、「計画」「テスト」「分析」「練習」という位置づけがあるからこそ、教師の励ましや価値づけの一言が入れやすいです。

　そしてどちらにも共通している仕掛けの１つが「コメントでの問い返し」です。さらに、「〇〇頑張り券」と「〇シール達成賞」も共通した仕掛けです。これらの詳細は、p.38-p.39でお伝えします。

こまめなコメントが子どもの意欲につながる！

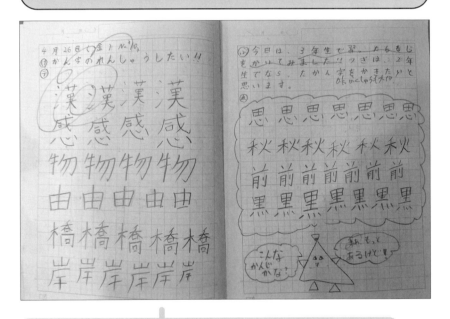

計画への一言例　「その思いが素敵！」
分析への一言例　「復習も大切だね！」
練習への一言例　「くり返しの練習も大事！　他にできそうな練習はある？」

　p.26-p.27「毎日超簡易1on1」と組み合わせて「昨日の自学凄かったね！」などと声をかけると、より効果的です。

第2章　子どもが主体的になれる！　学級づくりの仕組み

7 挑 挑戦が楽しくなる ○○頑張り券と賞状

○○頑張り券とは？　〜トークンエコノミーの活用〜

　p.36-p.37で紹介した「話しやすさが変わる日記と自学の仕掛け」の1つとして、「○○頑張り券」と「賞状」があります。

　私の学級では日記や自学に取り組むと、その内容やページ数に応じてシールを貼っています。きっと同様の取組を行っている先生も多いことでしょう。

　このシールが一定数溜まると、「○○頑張り券」と「○シール達成賞」がもらえます。このシールや頑張り券、賞状の取組は、トークンエコノミーを活用していることになります。

　「○○頑張り券」とは、日記や自学を頑張った成果を楽しく可視化するための手立てです。トークンエコノミーが個人の報酬に向いているわけですが、学校や家庭での自主的な取組が、学校での小さな権利を得ることに繋がると「挑戦」が楽しくなるのです。

ある仕掛けが挑戦を引き出し、挑戦を楽しくする！

　外発的動機付けとはいえ、やはり報酬があると多くの子どもたちはそれに向かって頑張ることができます。しかし、報酬だけでは「挑戦」を引き出し、その「挑戦」を楽しく継続することはなかなか難しいものです。

　そこで私が実践していることが、「面白い日記や自学にはシール数を増やす」ということです。「面白い」とは、日記が物語風に書いてあったり、絵が入っていたり、自学で工夫した練習法を取り入れたりする

などです。「○シール達成賞」と表彰するなどシール数の増加と全体での紹介で価値づけていくことで、挑戦が引き出され、子どもが挑戦を楽しむようになります。

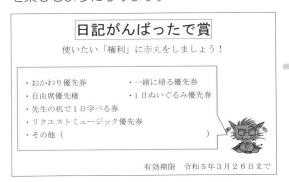

内容については、毎年実態に合わせて微妙に変えています。
「おかわり優先券」の活用頻度が多いですが、「先生と一緒に帰る優先券」（下校指導）も結構人気です。

賞状は、デザインツールの「Canva」を使って作成しています。
また、子どもに好きな動物を聞いて、Microsoft Copilotで記念画像を作ってもらい、賞状に貼り付けるなどもしています。

報酬なしでも積極的に取り組める言葉かけ

　報酬に頼りすぎると、報酬がないと取り組まなくなる可能性があります。そのため、「この日記の書き方、面白かったなあ！　凄いからみんなに紹介するね！」「この自学の分析の仕方、めちゃくちゃ上手だったよ！　みんなのお手本にしたいな！」などの、内発的動機付けに繋がる言葉かけは欠かせません。
　また、「これはあくまで、挑戦を引き出すためのトークンエコノミーだ」と、教師自身が強く意識することも大切です。

第2章　子どもが主体的になれる！　学級づくりの仕組み

8 「新奇歓迎」が引き出される デジタルポスト

デジタルポストで気軽に意見投稿を！

　デジタルポストとは、Microsoft Formsと連動し、デジタル上で子どもたちが意見等を投稿できるシステムです。教室にQRコードを掲載した疑似郵便ポストを設置したり、Microsoft TeamsのチャネルにURLを掲載したりして、いつでも子どもたちが投稿できるようにしています。

　教師から提案した活用方法は、
①学級会の議題の投稿
②友だちのよさ（頑張りや成長）の投稿
です。

　①については、これまでも「学級会提案カード」等と称してアナログでも行われてきたことかと思います。デジタルでもアナログでもそうですが、①は新しい視点や発想を受け入れやすくなり、「新奇歓迎」の因子を高めます。②はどちらかといえば、「話しやすさ」や「助け合い」の因子を高めます。

いつでもどこでも伝えられる「新奇歓迎」

　デジタルポストのメリットは、いつでもどこでも投稿できることだと考えています。

　実践し始めた頃は、「新奇歓迎」が引き出されるとは考えていませんでした。しかし、学級の心理的安全性が高まってくると、様々なアイデアがどんどん投稿されるようになったのです。

【デジタルポスト】
このポストに気付くまで、こちらからは特に働きかけはしません。このポストに興味をもつ子が現れた時に、説明します。

ある年のデジタルポストの実際の内容です。リクエストミュージックの内容を投稿するなどの意見がありました。
すべてをそのまま受け入れるわけではないですが、対話を通してよりよい形を探るようにしています。

100枚目のチケットをげっとしたらしょうをいっことチケットを5こにしてほしい
今日 ■■ さんが、本をならべていました。あしたいきものがかりのさくらをながしてください。よろしくおねがいします。
給食の準備中のリクエストミュージックasmiドキメキダイヤリー
俺がいるときに 究極の聖戦　流してください

まずは子どもの提案を聞いてみよう！

　上の画像の提案以外にも、「Canvaで秋のクイズをしたい」「Kahoot!大会をしたい」などの提案がありました。
　大切なことは、「一見『まとはずれ』のような内容でも歓迎すること」です。提案について子どもと対話をしてみると、提案に至った思いやその背景がよくわかります。そこには、その子どもの強みや個性が見られることが多いです。デジタルポストからも児童理解が進みます。

9 話 助 挑 新
「学級の〇〇作り」で学級への愛着を高める

学級のオリジナル〇〇をたくさん作ろう！

　皆さんは、学級のキャッチフレーズやキャラクター、歌等は作っていますか？　私自身は、学級目標としてのキャッチフレーズは提案しますが、キャラクターや歌は子どもたちからの要望があった時に取り入れています。

　作ったからにはことあるごとに活用します。活用しないと形骸化してしまうという理由もありますが、自分たちで作ったものだからこそ活用すればどんどん学級への愛着が高まると考えているからです。

学級への愛着も「話助挑新」の因子も高まる

　では、どのように活用して学級への愛着を高めていくのでしょうか。たとえば、学級のキャラクターであれば、以下のように活用しています。

〇キャッチフレーズと合わせて学級旗（模造紙）を作成する
〇毎朝の黒板に描く
〇学級通信や授業の資料に使う

　このように教師が活用していると、自然と子どもたちも活用し始めます。授業でノートに描いたり、Canvaなどで作った製作物に使ったりします。学級で作ったキャッチフレーズやキャラクターなどが自然と使われるようになると、同時に学級への愛着も深まっていきます。また、その中で「話助挑新」も引き出されていくはずです。

学級のキャラクターがもつ「話助挑新」

以下は「話助挑新」が引き出される具体例です。

話しやすさ キャラクターがあることで、その描き方や活用方法等について情報共有が頻繁に行われます。

助け合い キャッチフレーズがあることで、学級の問題に対して、解決・改善に向けて建設的な対話ができます。

挑戦 多様なヒーロー（子ども）を生むために、いろいろな挑戦を子どもたちが歓迎するようになりました。

新奇歓迎 算数の授業中、立方体と直方体しか存在しないMinecraft Educationの世界で、球体(?)の「ころまる」を再現していました。まさに常識にとらわれないアイデアです！

　これらがしっかり活用されると、子どもたちは学級への愛着とともに、学級への誇りをもつようになります。共通のキャッチフレーズやキャラクターがあることで、子どもたちは自分たちが大切なコミュニティの一員であると感じ、安心して意見を共有し、互いに支え合うことができるのです。

第2章　子どもが主体的になれる！　学級づくりの仕組み

10 話 心理的安全性で保護者との関係もグンと良くなる！

保護者の「話しやすさ」を引き出すコツ

　教師と保護者との心理的安全性を高める手立ての1つとして、私は「双方向型学級通信」を行っています。この実践は、渡辺道治氏の実践を追試する形で行っています（渡辺 2022）。

　「双方向型学級通信」とは、学級通信にMicrosoft FormsのQRコードを掲載することで、いつでも感想や意見、質問をいただけるようにした保護者参加型の学級通信です。学級通信を発行していない先生も、学年だよりで同様のことができますので、活用してみてください。

　保護者からいただいた感想等は、許可を得て学級通信内で紹介もしています。デジタルの力を組み合わせることで、保護者の「話しやすさ」を引き出すわけです。

教師と保護者の間の心理的安全性

　保護者に対する小学校教師の心理的安全性が創造的な教育実践に及ぼす影響について、一色翼・藤佳両氏は、「小学校教師が各々の創造性を発揮した教育実践を行うためには、教師が保護者に対して心理的安全性を感じられることが重要であるといえる。（中略）保護者は教師を無批判的に支持すべきということでは決してなく、児童の成長に向け教師と保護者が各々の素直な意見や指摘を交わし、時間をかけて恐れのない関係を育むことの重要性である。」（一色・藤 2022：289）と述べています。皆さんも経験則で納得できることでしょう。

　様々な実践を子どもたちと行うためにも、教師と保護者の心理的安

全性を高めておくことは必要不可欠なわけです。

お互いにメリットのある保護者との連携

　保護者と連携することで得られる効果や、保護者からの実際の声を紹介します。以下は実際のやりとりを例として挙げています。

〇保護者の目線で子どものリアルがわかる
〇保護者の教師理解、教師の保護者理解が進み、信頼関係が構築されやすくなり、結果として心理的安全性も高まる

令和5年度　2年1組

天野■
180件の回答

〇「先生に伝えたい！」と思った時に、気軽にできるのがいいです！
〇携帯からでも投稿できるのがありがたいです！
といった声があります。

1　保護者様のメッセージから

　お世話になっております。日記の宿題についてです。一人で取り組み、「結構いいの書けたよー。」と持ってきたのですが、ノートの使い方など直したいところ満載でした。でも、ここで親が指摘してしまうと、せっかく楽しく書き切った良い流れが台無しになりそうで、そのままにしてしまいました。先生に丸投げしてしまうようで申し訳ありませんが、フォローをよろしくお願いします。姉や兄を見ていても、自分の小学生時代に比べて、日記や作文を書く機会が少なくなったなあと物足りない気分でいました。昨日、■は「先生、これを読んだらびっくりするかな？次は何を書こうかな」と楽しそうにしていました。「日記を書かなきゃいけない、ではなく、先生に伝えたい！」という気持ちで楽しく書いてくれるといいなと思っています。これからもよろしくお願いします。

⇒お子様に「日記を書きたい！」という想いがあることが何よりですね。私自身は、子どもたちの想いを大事にするため、基本的に誤字脱字等の指導を日記では行いません。もちろんその分国語等で行っていきます。文章を書くときに大事なことは、まずは「書きたい」という想いです。つまり、目的意識もしくは相手意識です。また、はじめは「質より量」です。とにかく、書きたいという想いで書くことが大切です。楽しみに待っています。

11話 下校指導は話しやすさを高めるビッグチャンス！

学校から離れた時こそ子どもはいろいろな話をする！

　どこの学校でも、下校指導は行われているでしょう。

　下校指導時だからこそ子どもはいろいろな話をします。学校から離れたという状況が、自然と話しやすい環境になるのです。だから、私はほぼ毎日下校指導をしています。この下校指導から生まれるよいサイクルをご提案します。

　ちなみに、偉大なる先輩であるベテランの先生は、下校指導を「子どもとのお散歩だよ。」とおっしゃっていました。最近は、その気持ちがよりわかるようになってきました。

子どもとだけではなく、保護者との交流も促進される

　下校指導で生まれる素敵なサイクルは、以下の通りです。

①子どもたちと会話しながら一緒に下校路を歩く
②一緒に下校したことが子どもから保護者に伝わる
③連絡帳やMicrosoft Formsに保護者からメッセージが届く（もちろん直接お会いした際の話題にもなる）

　子どもだけでなく、保護者との交流も促進されるわけです。

　下校指導では、どの子どもとも関わりたいと考えてはいますが、基本的には希望者と行っています。p.38-p.39で紹介した「〇〇頑張り券」を使ってよい日があったり、じゃんけんで決める日があったりもします。

　在籍が長くなり、教師自身の子どもからの認知が高まってくると、

別学級や別学年の子どもたちからの要望も増えてきます。

下校指導の秘訣

下校指導にもいくつかのコツがあります。

○会議等がある際は、「校門まで」と決めて下校指導をする
　⇒持続可能に！
○同じ方向に帰る子どもたちとも会話をしながら帰る
　⇒いろいろな子どもたちの「話しやすさ」が高まる！

○保護者からの実際の声の一部
　本日は娘の下校に付き添っていただいて、ありがとうございました。お忙しい中、また大変暑い中恐れ入ります。娘は数日前から先生と一緒に帰るのを楽しみにしており、何を話そうかなあとウキウキしていました（笑）。ご褒美の効果は絶大で、「また日記を書いてシールを10枚貯めるんだ！」と張り切っております。

この実践のポイントは、
○子どもと保護者との会話に、教師が必ず出てくることにより、子どもと保護者からの教師理解が図られる
○下校指導をきっかけに、保護者との交流が促進される
この2点です。

　教師を始めた年から行っている取組ではありますが、その効果の高さを最近さらに感じています。意外にも、高学年を担任しても、「一緒に帰りたい」と言ってくれますよ！　高学年は、その成長にともない、今までになかった不安をもつ子もいます。だからこそ、下校指導のちょっとした会話が話しやすさに繋がるだけでなく、安心感をもたらすのです。

COLUMN 2

若手時代の反省と試行錯誤

　子どもの頃は、教師から「やりなさい！」と言われると、
　○なんでこれをやらなきゃいけないのかな？
　○やらされるの嫌だな……。
と思っていました。
　しかし、いざ自分が教師になると、常に姿勢正しく座っていたり、綺麗に整列したりすることを、子どもたちに当たり前のように求めていました。5・6年目だったでしょうか、自分が嫌だった教育を再生産していることに気付いたわけです。皆さんには、このような経験はありますか？
　そこから、これまでの実践を見つめ直しながら、「なんのためにやるのか？」と問い続けたり、様々な人と対話をしたり、本を読んだりして、少しずつ今のやり方を確立していきました。こういった私の想いと多様な実践を1つに集約した言葉こそが、「心理的安全性」だったわけです。
　10年目で大学に長期研修に行った際、師匠である算数教育の大学教授から、
「人は教えられた通りにしか教えることができない。」
と、言われました。まさに若い頃の自分だったなあと改めて反省をしたことを未だに覚えています。
　これを打破するには、自分の教育観や価値観を時代やニーズに合わせて変えていくしかないです。だからこそ、これまでもそうでしたが、これからも、常に学び続け、自らをアップデートしていきたいと思っています。

心理的安全性で育む！
温かい学級づくり

1 話 助 挑 新
教師は子どもと一緒に考える仲間!

協同探究者としての教師

　教師の役割には、どんなものがあるでしょうか？　「ティーチャー」「コーチ」「メンター」「ファシリテーター」等、様々な役割が思い浮かんだことでしょう。

　私は心理的安全性を高める上で一番大切な役割は、「協同探究者」だと考えています。協同探究者は、子どもたちと一緒に問いに向かい、課題解決に参画する役割を果たします。教師という立場ではありますが、子どもたちとともに考え、悩む仲間の1人という位置づけです。

大切な4つのポイント

　協同探究者としての教師の大切なポイントは、以下の4つだと考えます。

①対話とフィードバックの促進（話しやすさ）
②問いかけ（話しやすさ）
③学習環境の整備（話助挑新）
④教師の「子ども主体のマインド」（話助挑新）

　①については、子どもとの対話を通じてアイデアを共有し、深化させるよう言葉かけをします。また、フィードバックを通じて、子どもの考えを肯定的に評価し、改善の方向性を示します。時には、一緒に真剣に悩むことが大切です。

　②については、教師の問いで、子どもの探究意欲を引き出します。教師の問い続ける姿を通して、子どもも自ら問うことができるように

なっていきます。

　③については、個別最適な学びと協働的な学びの一体的な充実を図るための適切な環境を整えます。たとえば、一斉授業だけでなく、個別学習を取り入れることです。学習の「方法」「形態」「順序」などを子どもに委ねる機会をつくるわけです。実態に応じて、内容すらも委ねます。時には教師自身が問うたり選択したりする姿が、学習環境そのものになります。

　④については、p.22-p.23「心理的安全性を高める教師のツールキット」でも述べたような、教師のマインドが欠かせません。

　教師が協同探究者である最大の価値は、「子どもとは異なる視点をもつ他者として協力できること」です。

　ちなみに私は、Microsoft Copilotなどの生成AIも協同探究者としてクラスに位置づけています。

子どもにはどう伝える？

　「教師（大人）だってわからないことがある！　でも、みんなと一緒に考えれば、解決できることもある！」と、子どもたちに理解してもらうことが第一歩です。

　たとえば、第6章でも実践を紹介する「Minecraft Education」について、私はほとんど知りませんでした。しかし、子どもたちの提案にこたえて、教科学習の中に位置づけることにしたのです。

　導入するまでに、基本的な操作等は学級の子どもたちに教えてもらいました。「Minecraft Education」に関しては子どもたちが私の先生だったのです。

　一方で、教科の本質に基づいてどのように活用するかについては、子どもたちに問いかけながら、一緒に考えていきました。

　このように協同探究者としての教師だからこそ、できる学びを取り入れていきましょう。

2 話 助
ありがとうをたくさん伝える温かい学級に！

「ありがとう」って最高に心地よい言葉

　皆さんは、子どもたちに1日にどれくらい「ありがとう」を伝えていますか？　私は、1日50回以上は伝えていると思います。

　教師は学級のリーダー（特に年度の初期段階）ではありますが、毎日たくさんの子どもたちに助けてもらったり、励ましてもらったりしています。そんな時、自然と「ありがとう」が出ます。嬉しそうな顔をする子どもたちが印象的です。「ありがとう」と言われると、誰でもとても嬉しい気持ちになりますよね。

　「ありがとう」は、「話しやすさ」や「助け合い」を促す言葉であり、人を心地よくする言葉なのです。

科学的な視点から見る「ありがとう」

　感謝の気持ちをもつ人は、脳内物質であるセロトニン、オキシトシン、ドーパミンなどの幸せホルモンの分泌が盛んになると言われています。これらのホルモンは、気分や体によい作用を与えます。

　つまり、「ありがとう」は、単なる礼儀としての役割を超え、私たちの体、心、社会性など様々な面でよい効果をもたらすわけです。

　「ありがとう」が行き交う学級は、科学的な視点から見ても、幸福度が高い学級と言えるでしょう。まずは教師が率先して、感謝の気持ちを言葉にする空気をつくっていくことが大事です。

小さな場面でも積極的に「ありがとう」を

「ありがとう」をたくさん伝えられる学級が、温かい雰囲気になる理由は他にもたくさんあります。

「ありがとう」には、

○リラックス効果向上による安心感
○感謝する対象が増加することにより、前向きな気持ちが沸き起こる
○他者とのコミュニケーションがスムーズになることによる自己肯定感の向上

など、たくさんの効果が挙げられるのです。

【教師から子どもへのありがとう（例）】
○ほんの些細なこと（挨拶や物を拾うなど）でも「ありがとう」
○友だちのよさや頑張りを教えてくれて「ありがとう」

【子どもから子どもへのありがとう（例）】
○わからない時に教えてくれて「ありがとう」
○困っている時に助けてくれて「ありがとう」

「ありがとう」は、「相手がどんな気持ちで行動してくれたかを考えた証」だともいえます。

「心理的安全性を高める教師のツールキット」(p.22-p.23)にも「3 生産的に対応する：『ありがとう』をたくさん伝えよう！」という項目がありますが、こうした教師の在り方は、必ず子どもたちに伝播していきます。

3 話 学級が明るくなる挨拶とニックネームの工夫

ネームコーリング効果と挨拶

　私は毎日、必ず学級の子どもたち全員と挨拶を交わすようにしています。初めは私からですが、徐々に子どもたちから先に挨拶をしてくれるようになります。これは、自分の学級だけではありません。他の学級の子どもたちも同様です。

　このような習慣をつくる仕掛けは、

名前を呼んで挨拶をしてくれると、私はめちゃくちゃ嬉しいです。

というお話を、教師が心を込めてすることです。「名前を呼んで」というところが、肝です。なぜなら、

ネームコーリング効果（『自分の名前を呼んでくれる人に対して好意を抱く』という心理現象のこと）

が働くからです。名前を呼ぶ挨拶によって、相手に好印象を与えるわけです。これがたくさん増えていくと、学級は明るくなっていきます。

自分が呼ばれたいニックネームを

　皆さんは、子どもたちになんと呼ばれていますか？　多くの教師は、「○○先生」と呼ばれていることでしょう。私も昔はそうでした。

　今は違います。「天Ｔ」「あま」「あまちゃん」などと呼ばれています。「話しやすさ」は、抜群に高まります。

　私自身の教師として一番大切にしている役割は、「協同探究者」です（p.50-p.51参照）。教師という立場ではありますが、一緒に考え、悩む仲間です。だからこそ、互いの了承がとれていれば、これでよい

と考えています。

　あくまで私の経験談ですが、子どもの家庭では教師は結構いろいろな呼ばれ方をされていると思います。私は、子どもたちに学校で「天野先生」と呼んでもらっていた時代ですら、家庭では「天野っち」「天先」などと呼ばれていたそうです。親しみを込めて呼んでくれていますが、逆に自分から「呼ばれたいニックネーム」を伝えた方が心地良いと、私は考えています。

　もちろん、「すべての先生がそれでいいと思っているわけではないよ」という話は何度もします。

愛称でつくる親しみやすい関係性

　名前を呼び合うことは、すぐにできて、超簡単で、「話しやすさ」の因子を高める効果は抜群です。まずは、先生から、「呼んでほしい愛称があったら教えてね！　なければ、『さん』付けで呼ぶよ。」と声をかけてみましょう。

　大切なことは、挨拶したくなる、愛称で呼びたくなる親密な関係性を子どもたちや保護者とつくることです。

　挨拶とニックネームで「話しやすさ」の因子をどんどん高めて、学級の心理的安全性の土台を作っていきましょう。

　ちなみに、私のSNS上の名前は「天治郎」です。大人気漫画「鬼滅の刃」の主人公である「炭治郎」と私の苗字の「天野」から付けています。

　学校では、防寒着として「羽織」を着ています。だから、いろいろな子どもたちから「あっ、炭治郎だ！」と言われる時期がありました（笑）。

　「天野先生だから、天治郎だよ〜。」などと返していたため、時々「天治郎先生」と呼ぶ子どももいます。親しみやすさって大切ですね。

第3章　心理的安全性で育む！　温かい学級づくり　55

4 　助　「助けて」「教えて」と言える子どもを育てる取組

「助け合い」の因子を高める語り

　学級で「助け合い」が自然と生まれるようにするには、「助けて」「教えて」と気軽に言えることが大切です。

　私が「助け合い」の因子を高めていくために、毎年学期初めに子どもたちに伝える語りがあります。以下、その語りの冒頭です。

> ①皆さんは、困ったことがあったり、悩むことがあったりした時、どうしていますか？
> ②私は、まずは自分でやってみます。調べてみたり、考えてみたり……。それで解決できることもあります。それでも解決できなかったら、誰かに「助けて」「教えて」と言っています。大人だとしても、です。

　語りの続きは、X（旧Twitter）にポストしてありますので、下のQRコードからぜひご覧ください。

　このような語りを定期的に行うことで、子どもたちは自然に「助けて」「教えて」と言えるようになります。こうなれば、「助け合い」が当たり前になっていきます。

　学習でも生活でも、困ったり悩んだりすることはたくさんあります。そんな時に、手を差し伸べてくれる仲間がいることは、大きな安心感に繋がるはずです。

「助け合い」ができる学級の決まりごと

　「助けを求めたい子」が自ら「助けて」「教えて」と言えることが大

切です。誰かが助けてくれることを待つのではなく、自分から助けを求めにいく姿勢が、これからの社会を切り拓く上でも必要な資質・能力です。

　学級は、お互い助け合う「チーム」です。私の学級では、そんな力を身に付けるために、以下のようなスライドを見せています。

チームになるために

①こまったら「たすけて」「おしえて」と言おう。
②たすけをもとめられたら「よろこんで」たすけよう。
③こまっていそうな人がいたら、「なにかできることある？」と聞こう。
④人がこまっているかどうか気づく人になろう。

チームになるために

①自分たちでかんがえる
②あいての気もちをそうぞうできるかしこさをもつ
③あいてをたいせつにする

保護者のメッセージから

　私は、年度初めの懇談会でも上述したスライドを保護者にも提示します。以下は、ある保護者からいただいたメッセージの一部です。

> 懇談会の際に、天野先生が今年の２年生は全体的に「助けて」が言えないと仰っていて、さすが良く観察されているなと思いましてご連絡しました。（中略）先生の「『助けて』が言える子にする、困っている子がいたら助けてあげられる子にする」というお話にとても感動しました。

　同様のお話を多くの保護者からいただきました。この共感と感動は、学級経営の方向性を支持してくれているものと捉えることができます。そして、保護者の目から見ても、心理的安全性を高める上で重要な手立てであることがわかります。

5 変化をチャンスにできる柔軟な学級へ

新学期に変化を受け入れる力を身に付ける！

　新年度の学期開きでは、子どもたちは多くの変化に出会います。担任の先生、友だち、教室だけではなく、学習の在り方、席替えの仕方等も、担任の教師によってやり方の違いがあるでしょう。

> 【変化を受け入れる】
> 　多くの公立小学校において、年度ごとの様々な変化は避けられないものです。変化を恐れるのではなく学びと捉えることで、自己成長の機会を得ることができます。結果として、新しい環境に適応する力を身に付けるとともに、新しい挑戦に立ち向かう勇気を育むことができます。
> 【変化から学ぶ】
> 　変化は、新しい視点や新しい考え方を引き出す力をもっています。この変化から学ぶことで、自分自身や社会をより深く理解することができます。

　このマインドをかみ砕いて教師が語ることで、子どもたちは変化を恐れずに、新しい学びの旅を楽しむことができます。もちろん、変化が苦手な子どもがいることを念頭において、様々な配慮をすることは欠かせません。

「挑戦」と「新奇歓迎」の因子を高める語り

　変化を受け入れ、変化から学ぶマインドは、一度の語りだけで子どもに定着することはありません。偉人の言葉なども活用しながら、折を見て繰り返し伝えることが大切です。
　たとえば「挑戦」の因子を高めるための語りとして「エジソンの発

明と失敗の数」の話をします。スライドを用意して、子どもたちに見せながら話すことも効果的です。

トーマス・エジソンの写真をスライドに載せ、近くに彼の名言もフキダシに入れます。「失敗、これはうまくいかないということを確認した成功だよ！」。

偉大な発明家であっても失敗すること、そして失敗をポジティブに捉えて学びに変える姿勢が、子どもたちにも響くはずです。

変化が苦手な子どもへの対応

変化を楽しむことができる子どもがいる一方で、変化が苦手な子どもも当然います。上述したように、そのような子どもたちに対しての配慮は欠かせません。

私は、以下の2つの視点で手立てを講じています。

①安心感を与える
⇒変化がある内容を詳しく説明し、何を目指すのかを明確に伝えることで、子どもたちが心の準備をする時間を持つことができるようにします。
⇒変化がある中でも、基本的な学校のルーティンやルール（変わらないこと）を一貫して守るようにします。

②ポジティブなフィードバックをする
⇒変化に対して、ほんの少しでも前向きに取り組んだ際には、積極的にポジティブなフィードバックをします。
⇒併せて、変化を小さなステップに分けて、少しずつ進めることで、子どもたちが徐々に慣れていけるようにします。

とはいえ、子どもたちも一気に変化に対して適応できるわけではありません。我々教師、いや大人もそうですよね。

「少しずつ、少しずつ」という気持ちの余裕を教師がもつことが一番大切です。

— COLUMN 3 —

教師主導の運営から子ども主体の運営に

　学校現場で「子ども主体」が頻繁に語られるようになったのは、現学習指導要領（平成29年告示）が実施されてからでしょうか？
　さらに、中央教育審議会が公表した答申「『令和の日本型学校教育』の構築を目指して～全ての子供たちの可能性を引き出す、個別最適な学びと、協働的な学びの実現～」によって、「子どもの側に立ち、子どもを主語にする」といったことが強調されました。学校現場全体が、「子ども主体」へとシフトチェンジしつつあるわけです。
　「子ども主体」の対義語としてよく語られる言葉として、「教師主導」があります。「子ども主体」への流れをみると、教師主導の学級運営は一見よくないもののように捉えられます。果たしてそうでしょうか？
　p.20-p.21でも述べたように、学級で心理的安全性をつくる際には、初期段階ではほぼ必ず教師がリーダーとなります。発達段階や子どもの実態にもよりますが、教師のリーダーシップによって学級の基礎ができるわけです。つまり、いきなり「子ども主体の運営」を行うことは極めて難しいということです。
　一方で、いつまで経っても「教師主導の運営」を行っていては、特に「挑戦」や「新奇歓迎」の因子が高まっていきません。
　少しずつ少しずつ、「教師主導の運営」から「子ども主体の運営」に移行していくことが大切です。そのために、教師主導の運営の中にも、

〇子どもが選択できる余地がある
〇教師にも意見できる雰囲気をつくる

といった意図的・計画的な仕掛けをすることが必要不可欠です。
　子どもたちとどんな学級を目指すのか……やはり目的を重視して、進めていきましょう。

第4章

みんなが安心できる！心理的安全性の言葉かけ

1 学級の心理的安全性をつくる言葉かけ

言葉が子どもに与える大きな影響

　教師が日々子どもに関わる上で欠かせないものの1つが言葉かけです。皆さんは、どのような言葉を子どもにかけていますか？
　森敏昭氏は、言葉の2つの働きについて、以下のように述べています（森 2008：1164）。

> **①自分の気持ちや考えを他者に伝える、「コミュニケーションの道具」としての働き**
> **②「思考の道具」としての働き**

　学級の心理的安全性を高めていく言葉かけをする上で、この言葉の2つの働きをしっかり意識しておくことが大切です。
　コミュニケーションの第一歩は、やはり言葉です。言葉を通じて子どもたちと積極的にポジティブなコミュニケーションを取ることで、信頼関係を築きやすくなります。また、優しく温かい言葉は、子どもたちに安心感を与えます。その安心感が、自分の考えや感情を表現したり、失敗を恐れずに挑戦したりできるようにするのです。
　また、私たち人は物事を考える時に、必ず言葉を使います。その時の言葉は、他者へ伝達するというよりも、自分の考え方や感じ方をよく見つめて理解しようとする働きが強いです。しかしながら、子どもたちがメタ認知を働かせることは、なかなか難しいものです。いや、大人だって簡単ではありません。だからこそ、教師の言葉かけによって子どもたちがメタ認知を働かせる手助けをすることが大切です。

「きっかけ言葉」と「おかえし言葉」

　株式会社ZENTechの原田将嗣氏は、心理的安全性をつくる言葉には、「きっかけ言葉」と「おかえし言葉」の2つがあると述べています（原田 2022）。

　私なりに、教師が使うきっかけ言葉とおかえし言葉を言語化してみました。

きっかけ言葉：子どもの思考・行動を促す言葉
おかえし言葉：子どもの思考・行動を受け止める言葉

　上述した森氏の述べている言葉の2つの働きとの関連を考えてみると、

きっかけ言葉：思考の道具――他者との相互作用からのメタ認知
おかえし言葉：コミュニケーションの道具

と捉えることができます。

教師の言葉で、子どもの動きが変わる！

　私は今でも子どもたちの言葉かけについては、反省の日々です。だからこそ、日々の振り返りは欠かせません。大事なことは、

教師の言葉かけによって、子どもの教師に対する思いやその後の思考・行動は大きく変わる

と、しっかり意識することです。

　子どもたちの今をしっかり見取り、より適切な言葉をかけていきましょう！

　具体的な言葉かけについては、本章で紹介します。

2 　話　助　挑　新
子どもが自ら動く教師の「きっかけ言葉」

「心理的安全性を高める」視点で言葉かけを見直す

　p.63でも紹介したように、「きっかけ言葉」は子どもの思考・行動を促す言葉です。

　私たち教師は、子どもたちのより望ましい思考・行動を促すために、様々な「きっかけ言葉」を使っているはずです。適切な「きっかけ言葉」を積み重ねていけば、間違いなく子どもは自ら思考し、自ら動くようになっていきます。

　だからこそ、どのような子どもの思考・行動を目指し、どのような「きっかけ言葉」を使うかを、適切に判断していくことが大切です。これには、p.20-p.21でも述べた「心理的安全性を高める柔軟なリーダーシップ」が必要です。そして、「きっかけ」づくりを意識して使うことも大切です。

　また、「話しやすさ」「助け合い」「挑戦」「新奇歓迎」の視点から自らの言葉かけを見直していくと、課題が見えてくるはずです。学級の実態に合わせて言葉かけをして、心理的安全性を高めていきましょう。

子どもの実態に合わせた言葉かけを

　教師だからこそできる「きっかけ言葉」とはどんなものでしょうか。子どもの実態に合わせて、ぜひ考えてみてください。

　たとえば、個別学習中に何をやればいいか戸惑っている子どもには、「○○さんは何をしたい？」と言葉をかけます。

　この「きっかけ言葉」からスタートし、対話を通してその子どもの

自己決定を後押ししていきます。自分で決めたことですから、意欲的に取り組むようになります。

「話しやすさ」を高めるのは、教師から子どもへの呼びかけかもしれません。「助け合い」を高めるのも、教師が子どもを頼る問いかけかもしれません。

上手な「きっかけ」づくりのポイントは、対象の子どもに合わせて言葉を噛み砕くことです。そのためには、一人ひとりの子どもの状況等をしっかり見取っていくことが大切ですね。

【「きっかけ言葉」の例】
「〇〇が大変なんだ。よかったら手伝ってもらってもいい？」
問いかけ　「思考を深める」「視野を広げる」
意味付け　先生の苦手を助けているという意味をもたせる

「話しやすさ」と「助け合い」を生む「きっかけ言葉」

「話しやすさ」「助け合い」のための「きっかけ言葉」

　私が実際によく使っている、「話しやすさ」「助け合い」を促進させる「きっかけ言葉」は、以下の通りです。

場　面　例	言　　葉	因　子
朝の挨拶	○○さん、おはよう！	話しやすさ
考えが出ない時	ノートに考えを書いたり、近くの人に聞いたりしてみよう！	話しやすさ
なんだかうまくいかない時	先生にできることはあるかな？	話しやすさ
状況等を共有してもらう時	先生に知っておいてほしいことはあるかな？	話しやすさ　助け合い
1on1の終わり	ここまで話してみて、どんな気持ちかな？	話しやすさ　助け合い
悩んでいる時	何に困っているの？	助け合い

「ここまで話してみて、どんな気持ちかな？」

　「ここまで話してみて、どんな気持ちかな？」という「きっかけ言葉」は特に意識しています。

　p.28-p.29「じっくり1on1」でも紹介しましたが、こういった言葉かけはその他の様々な場面で活用できます。学習時の個別指導、ト

ラブル対応、悩み相談等などでも使えるでしょう。
　また、全体で何かを議論した際、最後に問いかけることも有効です。ペアやグループでお互いの気持ちを話し合うことで、子どもたち自身が議論自体を俯瞰することができます。

子どもの言動を受け止めてポジティブを連鎖させる

　「きっかけ言葉」によって、子どもが話してくれたり、行動してくれたりしたことへの感謝を伝え、受け止めることが大切です。これは、「おかえし言葉」にも大きく繋がることです。
　勇気を出したことそのものを価値づけることで、「挑戦」の因子も自然と高まっていきます。
　「行動してくれて（言ってくれて）、嬉しいなあ！」など、先生が口に出すことで、子ども自身も嬉しい気持ちになりますし、子どものポジティブな言動が連鎖していくようになります。

4 挑 新
「挑戦」と「新奇歓迎」を生む「きっかけ言葉」

「挑戦」と「新奇歓迎」のための「きっかけ言葉」

私が実際によく使っている、「挑戦」「新規歓迎」を促進させる「きっかけ言葉」は、以下の通りです。

場　面　例	言　　葉	因　子
手が止まっている時	とりあえずやってみよう！ 「わからない」でもいいんだよ！	挑戦
もっとチャレンジしたい時	自分でやってみたいことを考えてみよう！	挑戦
目的を明確にしたい時	今回の学習（行事）が終わったとき、どうなっていたい？ （どうなっていたら嬉しい？）	挑戦
相手にたくさん話してほしい時	最近、学校で楽しかったことってどんなこと？	新奇歓迎
意見やアイデアを募りたい時	○○さんは、どう感じる？	新奇歓迎

「どうなっていたい？」

「どうなっていたい？（どうなっていたら嬉しい？）」という「きっかけ言葉」は、学習や行事のゴールを設定する時によく使っています。

目的を明確にするためですが、子どもは「目的はなんですか？」と問われても、答えを出すのはなかなか難しいものです。だから、子ど

もが答えやすいように「どうなっていたい？」などと言い換えることも必要です。

　p.66で紹介した「先生にできることはあるかな？」を組み合わせると、より効果的です。

「きっかけ言葉」でチャレンジフルな学級に！

　学級づくりは、決して教師一人でやるものではありません。子どもたちと一緒に行っていくものです。

　だからこそ、

学級で起こる様々な出来事に対して、いかに「他人視点」ではなく「自分たち視点」にしていくか

が、鍵になってきます。

　そのために、まずは子どもたちにかける教師の「きっかけ言葉」を磨きたいですね。

第4章　みんなが安心できる！　心理的安全性の言葉かけ

5 子どもが安心する教師の「おかえし言葉」

話 助 挑 新

誰もが安心する「おかえし言葉」

　子どものより望ましい思考・行動を増やすポイントは、なんでしょうか？　私は、「受け止めること」と「適切なフィードバック」だと考えています。

　「受け止める」とは、子どもの言葉や感情を理解し、共感を示すことです。どんな結果であれ、子どもが自分や学級の成長のために思考し、行動したことをまずは受け止めることが大切です。

　子どもはもちろんのこと、私たち大人も感謝の言葉や他者からの適切なフィードバックがあると嬉しいものです。自分の思考・行動に対しても安心することができるのではないでしょうか。

　つまり、「きっかけ言葉」により思考・行動を促した後には、フィードバックのための「おかえし言葉」が必要です。2つで1つなのです。

4つの承認を使い分けよう！

　株式会社ZENTechの原田氏は、心理的安全性をつくる上で、以下の4つの承認を使い分けることの重要性を指摘しています（原田2022：76）。

　①成果承認（結果承認）　②行動承認
　③成長承認　　　　　　　④存在承認

　多くの教師（というよりも大人）は、子どもに対して①「成果承認（結果承認）」をすることが多いです。テストの結果が高かったら褒めるといったことです。しかしながら、これだけでは、心理的安全性の

高い学級はなかなかつくることができません。

　行動そのものを承認し（行動承認）、時間軸で比較し成長を認め（成長承認）、子どもの存在そのものを承認する（存在承認）、こういった教師のマインドが大切です。

　たとえば、自主学習に積極的に取り組んでいる子どもがいたら、その行動そのものを承認しましょう。これが行動承認です。その自主学習の内容が始めた頃の4月と比べ、充実したものになっていたら、それもフィードバックします。成長承認です。

　他にも、算数の計算問題に悩んでいる子どもに対して、自ら「悩んでいるなら、一緒に考えようか？」と声をかけ、手助けした子どもがいたとします。手助けした子どもに対して、「あなたのおかげで、（悩んでいた子どもは）助かったと思うよ。ありがとう。」とフィードバックします。このように、他者の行動を尊重し、感謝の気持ちを伝えることで、存在承認が行われます。

　子どもたちは一人ひとり、成長のスピードや大きさが違います。

　「その子なりの小さな一歩」を見逃さず、承認していきましょう！

言葉かけの4ステップ

　行動分析学では「罰や不安による指導・マネジメントがうまくいかないこと」という結果が明らかに出ています。

　だからこそ下記の流れを意識して言葉かけをしましょう。

①教師の「きっかけ言葉」で、子どもの思考・行動を促す
②子どもの思考・行動を「おかえし言葉」で承認する
③教師の承認によって、子どもの安心や喜びを生む
④子どもが望ましい思考・行動をする確率が上がる

6 話 助 挑 新

「話助挑新」を生む 「おかえし言葉」

「話助挑新」のための「おかえし言葉」

　私が実際によく使っている、「話助挑新」を生む「おかえし言葉」は、以下の通りです。

場　面　例	言　葉	因　子
感謝を伝えたい時	〜してくれてありがとう！	話しやすさ 助け合い
いろいろな意見が出てきた時	組み合わせたら面白そうな意見ってあるかな？	話しやすさ 挑戦
意見の衝突が起きた時	わからないところがあるから、もうちょっと教えてくれないかな？	話しやすさ 新奇歓迎
悩みを相談してくれた時	〜だったんだね。悩みを教えてくれてありがとう！	話しやすさ 助け合い
初の試みにチャレンジする時	面白そう！ とりあえずやってみよう！	助け合い 挑戦
失敗して落ち込んでいる時	ナイスチャレンジ！　チャレンジ自体が素晴らしいよ。 ○○はうまくできていたと思うよ！	助け合い 挑戦
思うような成果が出ていない時	○○を試してくれてありがとう。どうなるか楽しみだね！	助け合い 挑戦

感謝には具体的な理由を添えよう

p.22-p.23「心理的安全性を高める教師のツールキット」でもお伝えしましたが、感謝を伝えることは、子どもに信頼感を与え、子どもの「チャレンジしたい」という気持ちを育むためにも、とても大事です。その際に、「理由を具体的に言い添える」と、より効果的です。具体的な理由があると、子どもは自分の行動の価値を理解しやすくなるからです。

「どう返せば、話しやすく（助けになりやすく、挑戦しやすく、新奇歓迎を生みやすく）なるかな？」と、子どもを理解しようとし続けることも大切ですね。

「遊び」から生まれる信頼関係

日頃から教師も「ありがとう！」「みんなで助け合って素晴らしい！」など、「話しやすさ」「助け合い」「挑戦」「新奇歓迎」を生む様々な「おかえし言葉」を使っていることでしょう。

もちろん使う言葉も重要ですが、

子どもが「先生は自分をわかってくれている」と感じること

が、一番欠かせない要素ではないでしょうか。この思いをつくるのは、やはり日頃からの「関係性」です。

子どもとの関係性を育むために、私が特に意識していることは、「毎日子どもと遊ぶこと（外でも中でも）」です。子どもと遊ぶことの一番の価値は、

子どもとの信頼関係を築きやすいこと

だと考えています。

純粋に子どもは、遊ぶことが大好きです。休み時間の楽しい遊びを通して、教師のことを知ってもらうとともに、子どもへの理解を深めていきましょう。

7 　話　助　挑　新
子ども自身の言葉で心理的安全性を高める

教師の言葉が子どもの言葉のモデルになる

　「あれ？　この言葉や話し方は、どこかで聞いたことあるな……。あっ、私と同じだ。」と、皆さんは感じたことはありますか？　私は、よくあります。

　教師の言葉や話し方は、子どもに「いい意味」でも「悪い意味」でも伝播していきます。特に「話す」「聞く」の２つの言語活動は、子どもの目に触れることが多く、１つのモデルとしての役割を果たしています。

　教師がよいモデルになれば、子ども自身の言葉で学級の心理的安全性を高めていけるともいえます。

子どもたち自身の言葉が心理的安全性をつくる！

　学級の最初のリーダーは、間違いなく「教師」です。

　しかしながら、学級は子どもたちと一緒につくっていくものです。少しずつリーダーの役割を子どもたちに委ね、子どもたちのフォローに努めることができるようにしたいわけです。

　そのための第一歩が、「子どもの言葉かけ」の総量を増やすことです。教師の言葉かけだけでなく、子どもたち同士の言葉かけでも学級の心理的安全性を高めていけるようになると、自分の意見を自由に表現し、助け合いながらチャレンジすることが当たり前になっていきます。

　教師の「きっかけ言葉」と「おかえし言葉」の積み重ねは、間違いなく子どもたちに浸透していきます。その結果として、子どもたち自

身が発信する「きっかけ言葉」と「おかえし言葉」が増えれば増えるほど、学級の心理的安全性は高まっていくのです。

子ども同士の言葉かけは「I message」で

　子どもの言葉かけが増えると、子ども同士で注意し合うようになってしまうなどの不安を覚える先生もいるのではないでしょうか？
　これを解決する言葉が、「I message」です。「I message」は、「私」を主語にした表現のことです。たとえば、廊下を走っている子どもに対して「走っちゃだめだよ！」と注意する子どもは、どこの学級にもいるでしょう。しかし、否定系の言葉は、攻撃的に感じさせたり、自分を非難していると思わせたりすることに繋がりやすいです。
　一方、「I message」を使えば、否定的な言葉を使わずに自分の感情や考えを伝えることができます。「廊下を走ると転ぶから、僕は歩いてほしいな」といった具合です。伝えられた側は、自分の行為が他人にどのような影響を与えるかを理解しやすくなり、嫌な感情を引き起こす可能性を減らすことができます。

「I message」でリーダーとしての第一歩を踏み出す

　対義語の「You message」とは違い、「I message」の発言には話し手の責任があるからこそ、対話が生まれやすいわけです。「〇〇してくれると嬉しいな！」「△△できるといいと思うよ！」などの「I message」が増えていくと、注意し合うのではなく、互いを高め合う雰囲気に自然となっていきます。
　また、「I message」による言葉かけが増えるということは、自ら進んで考えて他者と関わる子どもが増えるということです。自分から積極的に他者に関わることは、リーダーシップを育てることにも繋がります。心理的安全性とともに、子どもたちのリーダーシップを伸ばしましょう。

COLUMN 4

私と心理的安全性との出会い

　私は、3年ほど前からX（旧Twitter）で「天治郎」として発信をしています。今は「心理的安全性」を軸に様々な発信をしていますが、開始当時は軸がありませんでした。

　そんな中、ある本と出会いました。その本は、株式会社ZENTechシニアコンサルタントの原田将嗣氏の著書である『最高のチームはみんな使っている 心理的安全性をつくる言葉55』（飛鳥新社、2022年）です。ビジネス界隈で話題となっていた本です。心理的安全性というキーワードも気になっていたため、すぐに読みました。

　読み終わってみると、「今まで自分が大切にしてきたことは、心理的安全性というキーワードに集約できそうだ！」と、ビビッときた（表現が古い）のです。

　その後、原田さんとXを通じて知り合い、「心理的安全性AWARD2023」にお誘いいただき、SILVER RINGを受賞することとなりました。小学校教員の学級経営としては、初の受賞でした。ちなみに他の方々は複数人で来ているのに対して、私は1人……。嬉しいやら悲しいやら……。

　原田さんとのご縁は、今も続いています。授業を見に来ていただいたり、子どもたちに心理的安全性をつくる言葉のワークショップをしていただいたり、学校の研修講師として来ていただいたりと……。私自身は感謝しかないのですが、原田さんには、「天野さんのことは、教育現場に心理的安全性を広げる同志だと思っていますよ！」との、ありがたいお言葉をいただいています。

　また、「心理的安全性AWARD2024」でもSILVER RINGをいただきました。今後も学校現場に心理的安全性を広めていきたいです。

第 **5** 章

学びの密度が上がる！
心理的安全性の
ある授業

1 学級づくりと授業づくりは繋がっている！

学級づくりと授業づくりは互恵関係

　子どもたちが学校で過ごす時間のほとんどは、授業です。授業なくして、学級をつくっていくことは難しいでしょう。
　つまり、「学級づくりと授業づくりは互恵関係」ということです。多くの先生方も、こうした言葉を聞いたり、実感したりしたことがあるのではないでしょうか？

心理的安全性の視点から

　私は授業の中でも、子どもたちの中での４因子「話助挑新」を高める教師の言葉かけや環境設定を心掛けています。つまり、授業を通して学級の心理的安全性を高めているわけです。
　授業を通して学級の心理的安全性を高めることは、授業以外での子どもたちの活動にもよい影響を与えます。たとえば、「問題が起きてもきちんと対話ができる（話しやすさ）」「困っている友だちがいたら手を差し伸べることができる（助け合い）」などです。
　学級の中でそういった言動が当たり前になると、授業において「学び合い、高め合う集団」として、より主体的に学習に取り組むようになります。
　第１章でも述べたように、心理的安全性が高まると、「学級力」も「学習効果」も向上します。互いに影響を与え合います。

教材研究と児童理解はセットで進める

　教師の本分は、「授業づくり」といっても過言ではありません。一方で、授業を通して「学級づくり」をしていくことが大切であることは、上述の通りです。

学級づくりと授業づくりは互恵関係

という前提のもと、「教材研究と児童理解（一般的特性及び目の前の子どもの実態把握）」に努めていきましょう。

　土居正博氏も、「学級づくり」の目的を「学習集団づくり」とした上で、教科教育における授業のねらいに加えて、学級づくりのねらいももつことの重要性を指摘しています（土居 2022）。このような「授業を通して、子どもを育て、学級を育てる」という意識を高めることが、学級での生活の質を向上させ、子どもたちの全体的な成長を促す鍵となるのです。

　たとえば、算数の授業では自分の考えを発表することがよくあります。考えた子どもがそのまま発表してもよいですが、他の子どもたちに考えを解釈する活動を設定します。解釈する際に自然と対話したり、助け合ったりします。また、それ自体が「挑戦」の1つになるのです。授業のねらいを達成するとともに、学級づくりとしても機能するわけです。

　教師がこの意識をもち、実践に取り入れることで、学級づくりと授業づくりが真に互恵関係として機能することが期待されます。

　これまでの章では、学級経営上での心理的安全性を高める手立てを中心に紹介してきました。第5章・第6章では、心理的安全性の視点からの授業づくりについて紹介していきます。

2 探究心が生まれる算数の授業開き(3年生以上)

考える=自問自答の過程

そもそも子どもが算数を学ぶ意義は、なんでしょうか。一般的には、「実用的目的」「文化的目的」「陶冶的目的」の3つが挙げられます。その中でも、「陶冶的目的」に関する「考えることを学ぶ」を、私は重視しています。

では、考えるためには、何が必要でしょうか。杉山吉茂氏は、「私は、『考える』とは『自ら問い、自ら答える』過程であると考える。」(杉山 2012：66) と、述べています。子どもが考えるためには、子どもの「問い」が必要なわけです。

算数Magic

授業開きでは、子どもに「考えることって楽しい！」と感じてほしいです。楽しさを引き出すために、よく使う教材の1つに、「算数Magic」があります。

手順は、右の図の通りです。最初は、どよめきと「えっ？」「なんで？」という問いがたくさん呟かれます。2・3回繰り返すと、「なんで先生はいつも当てられるの？」「何か絶対に秘密がある！ 解き明かしたい！」と、子どもたちは探究心をもって言い出します。

教材のもつ魅力として、「話しやすさ」や「挑戦・新奇歓迎」が自然と引き出されるのです。また、一人ではなかなか解決することが難しい問題のため、子ども同士の「助け合い」も起こります。

手順

①０～９の数字を使う
②同じ数字は使えない（１つの数字は一度のみ）
③ある子どもに好きな３桁の数字を作ってもらう
④作った数字を適当に入れ替えてもらう　（例）369→693
⑤大きい数字から小さい数字を引いてもらう
　（例）693－369＝324
⑥差のうち２つの数字を数えてもらう　（例）３と４
⑦③～⑥の過程を見ていない教師が、残りの１つの数字をあてる

さて、皆さんはこのMagicの秘密に気付いたでしょうか？　この計算に隠されたきまりは、「差の各位の和が必ず９の倍数になる」というものです。

３年生であれば２桁、４年生であれば３桁、５年生以上であれば４桁でやるとよいでしょう。授業開きだからこそ、子どもの問いを引き出し、「考えることって楽しい！」と味わわせたいものです。

問いと「話助挑新」が活きる授業に

このように、算数の教材や問題がもつ魅力によって、「子どもの問い」や４因子「話助挑新」は引き出されやすくなります。

算数の授業を考えていく上でも、心理的安全性を高めていく上でも、やはり「教材研究」をしっかり行うことが大切です。もちろんこれは、他の教科・領域等でも基本的には同じです。

さらに詳しい説明やその他の算数の授業開きの仕方については、右のQRコードからぜひご覧ください。

第５章　学びの密度が上がる！　心理的安全性のある授業

3 新しいアイデアや解決策を生むシンキングツール

シンキングツールを活用してできること

シンキングツールとは、思考を整理し、考えを深めるための道具です。

たとえば、ウェビングマップ（右の図参照）、Ｘチャート等が挙げられます。授業の中で活用されている先生方も多いのではないでしょうか。

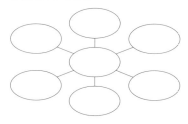

ウェビングマップ

シンキングツールを使う効果は、様々あります。たとえば、「思考の可視化」です。シンキングツールを使うことで、子どもたちが自分の考えやアイデアを視覚的に整理することができ、複雑な問題でも全体像を把握しやすくなります。問題の核心を見つけやすくなり、より具体的な解決策を見出すことができます。

また、「創造性の向上」も期待できます。自由にアイデアを出し合うことで、従来の枠にとらわれない新しい発想や独創的な解決策が生まれやすくなるのです。

「話しやすさ」の因子が高まるシンキングツール

シンキングツールを繰り返し活用することは、子どもたちが「自分の考えを表明すること」に対する自信をもつことにも繋がります。つまり、「話しやすさ」の因子を高めることになります。

互いの考えを共有するという側面もあるため、「助け合い」の因子

を高められます。そして、新しいアイデアを創り出すという視点では、「挑戦・新奇歓迎」も強化することができます。

　こうして、学級の心理的安全性が高まるとともに、全体的な学びの質が向上するのです。

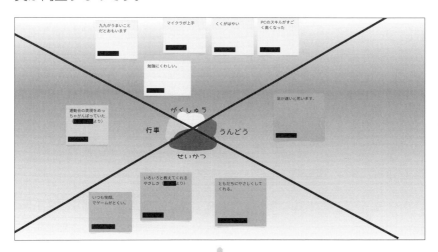

デザインツールのCanvaを使って、生活科で互いの成長を見つけ合いました。普段のノートでも活用していたため、子どもたち自らXチャートを活用していました。他にも、マトリックス（表）を活用する子どももいました。

学習の目的と楽しさ、両方に立ち返る

　シンキングツールを繰り返し活用することが、形骸化しては意味がありません。「なんのためにシンキングツールを使うのか」という目的は、大切にしたいものです。だからこそ、適宜子どもたちに問いかけることは欠かせません。

　一方で、心理的安全性の視点から、

考えることの楽しさを増やし、伝えることへの自信も高める

という「裏の目的」も意識できるといいですね。

4 話 助

話しやすさが断然変わる発問
○○さんの気持ちがわかるかい？

学級全員が参加できる発問をしよう

　たとえば算数の授業では、特に考えの根拠を問うことが多いです。しかし、「なんで？」と根拠ばかりを問うことによって、一部の子どもたちだけの考えで授業が進んでいっていませんか？　また、授業の空気が重くなったと感じたことはありませんか？

　大人も考えの根拠を問われると、話しづらくなることがあります。成長途中の子どもたちならなおさらです。そこで使いたい発問が、「○○さんの気持ちがわかるかい？」です。

　この「○○さんの気持ちがわかるかい？」という発問によって、友だちの「わからなさ」に共感させながら、子どもの数理を引き出していくのです。

気持ちを問うからこそ「話しやすさ」の因子が高まる

　田中博史氏は、子どもの気持ちを問う発問について、次のように述べています。「『この子の気持ちがわかるかな』という問いかけは『気持ち』を尋ねるのである。だから算数としての内容の吟味だけではなく、そのように考えた背景、子どもの心情まで考えるようになる。」（田中 2004：23）。

　このように、子どもたちは、気持ちを問われれば、

- **○○さんの気持ちわかるよ。だって……。**
- **気持ちはわかるんだけど、ぼくは〜と考えたよ。**

などの共感から、対話を自然と行うようになり、「話しやすさ」の因

子が高まります。
　また、友だちの心情を考えるわけですから、自然と相手の立場に立って考えるようにもなります。「助け合い」の因子を高めることにも繋がります。

発問が効果を発揮する場面って？

　この発問は、どの教科・領域等においても活用できます。全員が「気持ちがわかる」か「気持ちがわからない」という立場を明確にできるので、そこから対話が活発化することもあります。
　たとえば、道徳の授業で「規則の尊重」の内容項目を扱った授業の際に、以下のやり取りがありました。
子どもＡ：ルールはちゃんと守らなきゃだめだよ。
子どもＢ：でも、いつでも守れる自信はないなあ……。
教　　師：Ｂさんの気持ちわかる人？
　多くの子どもたちがＢの意見に共感していました。言いづらい意見に共感してもらえると「話してよかった」と思えます。また、この共感から新たな意見も生まれます。
　一方で、頻繁に活用すると形式化してしまいます。そこで、特に以下の３つの場面において活用することをおすすめします。

①誤答を扱う場面
②全員の状況を確認したい場面
③自信がなさそうに発表しようと頑張っている場面

　そして、教師自身が子どもたちの表情をしっかりと観察することが大切です。
　「不安な気持ちやわからなさに、先生や友だちが共感してくれた！」という思いが、多くの子どもたちの「話しやすさ」を引き出すのです。

5 話 助 挑
自然と子どもたちの対話が生まれる板書の魔法

板書の意義を捉え直す

　GIGAスクール構想により、「板書は必要ない」という声がよく聞かれるようになりました。確かに、一人一台端末の活用が一般的になった今、板書の役割を見直す必要があります。

　一方、端末による学習は効率的で便利ですが、板書にはまだまだ重要な教育的価値があります。私は様々な先行研究から、算数の授業の「板書の意義」を以下のように捉えています。これは、他の教科等にも通じることでしょう。

○子どもの思考過程を反映し、共有し、整理する場になる
○学びの結果や過程を振り返る場になる
○新たな問いや発見をする場になる

板書を子どもに開放する

　板書は誰のためのものでしょうか？　基本的には、「子どものため」です。教師だけが書くのではなく、子どもと一緒に創り上げていくものです。だから、板書を子どもたちにどんどん開放しましょう！

　私の学級では、子どもたちが板書したり、板書を使って友だちと話し合ったりしています。みんなの考え等を反映し、共有し、整理する板書だからこそ、他者との対話を通した「振り返り」や「新たな問い・発見」が生まれやすいのです。そういった意味では、板書をデジタル化することも有効です。

　また、子どもが板書をすることで、「そこはこうやった方がいいん

じゃない？」などの助け合いも生まれやすくなります。

ある道徳の授業の板書です。何人かの子どもたちが考えながら板書しているので、私はファシリテーションを中心にしました。

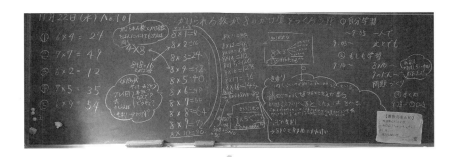

算数の個別学習（詳しくはp.98-p.99参照）の時間の板書です。互いに相手の考えを理解しようとしていました。

まずは板書に慣れることから！

　とにかく、「板書を子どもたちに開放する！　そして、使わせてみる！」ことに尽きます。板書するという「挑戦」も自然と生まれてきます。

　一方、出てくる課題は、対話を通して解決していけばよいのです。これ自体も、子どもたちの「話しやすさ」の因子を高めてくれます。

6 助け合いを引き出す協働的な学びのコツ

「さんぽ」が深い学びに通じている！

　私の学級では、授業中に悩んでいる子どもや友だちと対話したい子どもは、歩いて自由に対話をします。学級では、「さんぽ」と呼んでいます。

　一昔前に言語活動の充実が叫ばれた頃は、「ペアでの話し合い」や「グループでの話し合い」がかなり取り入れられていました。しかしながら、人数や話し合いのさせ方が議論の中心になりがちでした。さらに、教師が話し合いを指示し、形式的に行われている授業も散見されました。

　しかし、対話に一番重要なことは「子ども自身が話し合いたいかどうか」です。正木孝昌氏は、「子どもの『～したい』という内発的欲求が子どもの学びを受動から能動にしていくとともに、学びの本質へと導いていく。」と述べています（正木 2007）。

　今回で言えば、子どもの「話したい」「聞きたい」という思いが深い学びへと繋がっていくといえるでしょう。

「さんぽ」は子どもの思いから始まる

　私が講じている手立ての「さんぽ」は、「困っている（わからない）からなんとかしたい！」「誰かと話しながら解決したい！」「みんなはどう考えているか知りたい！」という子どもの思いに基づいて行われています。だから、自分から勝手に立ち歩き始めます。

　もちろん、「自分で考える時間」は必ず確保していますし、自分で

考えたい子は一人で考え続けてもよいことにしています。
　先生の指示があるまで座り続けている必要はないので、「話しやすさ」は俄然高まります。
　子ども主体の対話は、「助け合い」も自然と生み出します。
　このような動きは、「助けて」「教えて」と気軽に言えるような学級の雰囲気をつくることに一役買っているのです。

協働的な学びは友だちとの対話から始まる

　現在「個別最適な学び」と「協働的な学び」とを一体的に充実することが求められています。資質・能力を子どもたちに育むために重要なことが、「個別最適な学び」と「協働的な学び」であり、2つの学びは「主体的・対話的で深い学び」の実現に向けた授業改善を行うための手段であるとされています。
　「協働的な学び」の出発点は、「壁にぶつかった際の他者との対話」です。そのためには、あらゆる他者を価値のある存在として尊重し、互いの力を高めるために助け合うことが肝要です。

心理的安全性が協働的な学びを加速させる

　自らの学びを充実させていこうとした時、自然と協働は生まれます。そして、協働的な学びが充実していれば、子ども一人ひとりの学びに還元されていきます。ここは、学級の心理的安全性があってこそです。
　「個別最適な学びと協働的な学びの一体的な充実」ができるような環境設定を、心理的安全性の視点からも考えていくことが大切です。

7 挑 新 子どもの問い返しで挑戦を当たり前に（道徳）

哲学対話を取り入れた道徳の授業

皆さんは、「哲学対話」をご存じでしょうか？　私は、道徳の授業に「哲学対話」を取り入れています。

「哲学対話」は、答えのない問いに対してみんなでじっくり考えを深めるものです。道徳の授業との親和性は、「すぐに答えの出ない問題」「自己を問い直す」などの点でかなり高いです。「哲学対話」は子どもの問いに基づき対話するものであり、子ども主体となって対話するものでもあります。

豊田光世氏は、哲学対話を充実させるための道しるべとして、「知的安全性（intellectual safety）」を挙げています（豊田 2020）。「知的安全性（intellectual safety）」を端的に述べれば、「学びの場で安心して質問や意見を発言できる環境」です。まさに心理的安全性の話なのです。

同調圧力が働きがちな道徳の授業では、批判や恥ずかしさを恐れずに、自分の考えを自由に表現できる状況を確保することが重要です。

子ども同士が問い返し合う子ども主体の対話

多くの授業では、教師のみが発問したり問い返しをしたりするため、1つの答えや方向へ主導する対話になりがちです。だからこそ、「子ども同士が問い返し合う、子ども主体の対話」へと質的転換を図っています。これは、「挑戦」と「新奇歓迎」の因子を高めます。

まずは、教師がよく行う「問い返し」を子どもたちに伝えます。そ

して、子どもの呟きのような「問い返し」を取り上げ、価値づけし続けること(「挑戦」の後押し)で、少しずつ子ども同士で問い返すことができるようになります。また、問いを立てる経験を積んでいくと、どんどん「問い返し」が深まります。

この板書は、道徳の内容項目「B 友情、信頼」の授業のものです。
「でもさあ……」「どういうこと？」「違いは？」
などの子どもの問い返しで授業が進んでいきました。
自ら問い返すという「挑戦」はもちろんのこと、一見まとはずれに見える「先生も友だち」という考えも出てきて、議論が盛り上がりました。

どんな「問い返し」にも耳を傾けよう

　一見「子ども同士が問い返し合う」というと、ものすごく難しいように思えるかもしれません。私自身もはじめはそう思っていました。
　しかしながら、実際に哲学対話をしてみると子どもの「問い返し」が多すぎて、時間の関係でストップすることがよくあります。それだけ子どもたちは可能性に満ちています。
　「話しやすさ」を土台に、子どもの「問い返し」という挑戦を価値づけます。まとはずれに思うような新奇歓迎な「問い返し」も一旦受け止めることで、より考え、議論できる道徳の授業をつくりましょう。

8 「新奇歓迎」に繋がる自力解決の学び方（算数）

答えが出てからが本当の算数

算数教育では、「答えが出てからが本当の算数」と言われます。

「先生、答えが出ました！　何をすればいいですか？」。自力解決の時に、一度は子どもたちから言われたことがありませんか？　これで学びは深まるのでしょうか？

算数を学ぶ意義の1つは「考えることを学ぶ」です。自ら問いをもち、考え続ける（自問自答する）ことによって、新たに見えてくることもあります。主体的に学習に取り組む態度の育成という視点に鑑みても、非常に大切なことです。

答えが出てからの進め方

たとえば、授業中に初めて300＋400という問題に出合ったとします。700という答えが出たから子どもが理解したと捉えてよいのでしょうか？

○本当に700で合っているのかな？（確かめ）
○答えを求める方法は？（方法）
○どうして700になるのかな？（根拠）
○他の求め方はないかな？（別の方法）
○前の学習と似ていることはないかな？（比較）
○このような問題を解く時の着目ポイントは？（見方）
○もしも3000＋4000だったらどうかな？（発展）

このような問いをもって自ら追究していくことで、学びは深くなり

> ### 答えが出てからが本当の算数
> - 本当に？（確かめ・批判的思考）
> - どうやって？（方法）
> - なんで？（根拠）
> - 他にないかな？（多様な考え及び翻訳）
> - 比べてみると？（既習と未習・違い・共通点）
> - もしも……だったら？（発展）
> - 注目ポイントは？（数学的な見方）
>
> ## ⇒自らの問いを追究する（学び方の習得・習熟）

【実際のエピソードより】
ある子どもは「3桁でも、基本的に2桁の筆算と同じやり方だったな。10桁にしてみたらどうだろう？　……やっぱり同じ！」というふうに、ある発見をしていました。
　⇒本時の内容を逸脱しているように見えますが、10桁という一見まとはずれな条件に挑戦することで、彼なりに「一般化」することができました。

ます。また、自立した学び手としても成長していきます。

○──「まとはずれ」でも歓迎しよう──○

　算数は答えが1つに決まりますが、考え方や発展の在り方は多様です。「まとはずれ」を歓迎（「新奇歓迎」）することで、見えてくることもあります。
　だからこそ、教師が「もっと自由に思考・判断・表現できる環境をつくっていこう」という意識をもつことが重要です。

9 話 助 挑 新

「話助挑新」を促す学びを深めるノート

ノートは思考基地

　私はノートが「子どもの思考基地」になるように指導しています。

　そもそもノートの役割は大きく３つあります。「練習」「記録」「思考」です。どの役割が主となるかは、子どもの学習活動に依存します。

　一方で、VUCA（変化が激しく複雑で、将来の予想が難しい状態）の時代において、「既有の知識を用いて自分なりに考えて、判断し、行動していくこと」が求められています。だからこそ、日々の授業の中で使っているノートの中で、自ら判断し、問題解決を図る「思考」を基本としたいのです。

ノート指導にも４因子のヒントがいっぱい！

　ノートを「思考基地」と捉えた上で指導を積み重ねていくと、４因子「話助挑新」が、たとえば以下のように高まっていきます。

話しやすさ	子どもは自分の考えを自由にかくことができるため、話しやすくなる。
助け合い	ノートを共有したり相互評価したりすることで、相互理解が促進される。
挑　戦	子どもは自分の考えを試行錯誤しやすくなるため、失敗を恐れず新しいアイデアにチャレンジすることができる。
新奇歓迎	互いの創造性が促進されるため、学級に新しいアイデアを受け入れる雰囲気が生まれる。

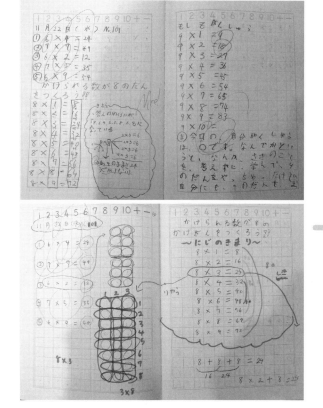

第2学年「かけ算」の8の段の構成の授業ノートです。2つのノートは試行錯誤の様子が違います。アレイ図や式に表したり、きまりを見出したり、発展させて9の段の構成を考えたり……。
一人ひとりが「思考の基地」としてノートを使っているため、同じ授業でもチャレンジの足跡が違います。ちなみに、2人とも4ページ使っていました。

　心理的安全性を高めるためのノート指導の特に大切なポイントは、
①自由な試行錯誤を奨励する
②教師や他の子どもからのフィードバックで肯定的な評価をする
③子どもたちが互いのノートから学び合う環境設定をする
です。
　ノート指導においても、子どもたちが安心して学び、成長できる環境を整えていきましょう。

10 「話助挑新」できる単元内自由進度学習（社会）

自由進度学習を行う上での大切なポイント

　学校現場で、「自由進度学習」の実践が増えています。そもそも「自由進度学習」とは、「①１人ひとりが自由なペースで学びを進める学習　②個別最適な学びに関する理論的・実践的な研究を背景に、長い時間をかけて研究者と実践化が協働して生み出してきた、確率された一定の教育方法（奈須 2024：6・7）」のことです。

　「自由進度学習」を行う上で大切なポイントは、いくつかあります。その中でも特に大切なポイントは、「心理的安全性の高い（もしくは、高めようとしている）学級であること」だと考えています。

心理的安全性の視点から見た自由進度学習

　今回は、社会第３学年「小単元：かわる道具とくらし」の単元の流

単元数	内　容
1・2	○社会的な事象（洗濯板体験）との出会い ○学習問題の設定と単元の学習計画の立案
3～6	○単元内自由進度学習 ・子どもの問いに基づいた調べ学習 ・昔の道具資料集作り（学級全体で・Canvaを使って） 　※毎時間の流れ：「計画⇒自由進度学習⇒振り返り」
7	○学習問題の答えをまとめる ○単元テスト

れを「自由進度学習」の実践における心理的安全性の視点で見てみます。

単元の中盤には、「単元内自由進度学習」を設定しました。この中で、以下のような４因子「話助挑新」の効果が見られました。

話しやすさ	助け合い
教師と子ども、子どもと子どもが対話できる時間が十分に確保できる	学習リソース（Webサイトや本など）の共有をしたり、互いに適宜フィードバックをしたりすることにより、個々の学習効果を高めることができる
挑戦	新奇歓迎
学習のペース等を自己管理するという挑戦ができる	自分自身の興味や好奇心に基づいた問いを追究するため、新しい視点や発想が生まれやすい

教師の問いかけと即時フィードバックも忘れずに

「自由進度学習」を支える大切なポイントは、

見方・考え方や学び方についての教師の問いかけと即時フィードバック

です。

たとえば、「着目ポイント（学級で共有している見方・考え方のこと）は使えた？」「いろいろな資料を見比べている？」などの声かけを個別にしていきます。声をかけた後、再び様子を見に行った際にはフィードバックをするわけです。

教科教育の目標を達成するため、４因子「話助挑新」を高めるため、教師は常に動き続けていきましょう。

11 「話助挑新」が加速する個別学習（算数）

学び続ける子を育てる個別学習

　加固希支男氏は、生涯にわたって能動的に（アクティブに）学び続けるような人を育てるための算数教育の在り方を問い、学び方から評価まで実践的な提案をしています（加固 2023）。

　私はこの立場に立ち、

○一斉授業で、数学的な見方・考え方を働かせた算数の本質に基づいた学び方を学べるようする
○個別学習で、一人ひとりの学びの状況やペースに応じて数学的な見方・考え方を働かせた問題解決を支援していく

という形で算数の単元を進めることが多いです。

　以下、個別学習の基本的な流れです。

①前時までの復習を通して、働かせた数学的な見方・考え方を改めて共有する
②自分学習1（原問題の解決）を行う
③自分学習2（原問題の発展）を行う：自分学習1の継続も可
④本時のまとめを自ら行う

心理的安全性の視点で個別学習を見る

　「個別学習」とは言え、孤立した学びにならないようにいつでも他者と対話ができるようにしています。またp.92-p.93でも述べた「答えが出てからが本当の算数」というマインドと学び方を推奨しています。具体的には、右の図のようなことを子どもたちに語っています。

話しやすさ	助け合い
自分一人でも、友だちとでも、先生とでも話しやすい授業	他者との対話も自らの学びを高める手段

挑戦・新奇歓迎

「答えが出てからが本当の算数」というマインドで、自分なりに考えを深めよう！

取り組む「方法」「形態」「順序」、そして場合によっては「内容」も子どもに委ねることで、「自己決定の機会」を増やします。

個別学習が深まるのは、心理的安全性があってこそ

　個別学習では、間違いなく４因子「話助挑新」の高まりが加速します。個別学習は、子どもたち一人ひとりの多様なニーズを満たしやすく、学びに対して安心感をもちやすくなるからです。この積み重ねにより、少しずつ自立した学び手に育っていきます。
　一方で、心理的安全性が高い学級だからこそ、子どもに委ねる個別学習ができることも間違いありません。p.78-79でも述べたように、
授業を通して、学級の心理的安全性を高めること
が大切になってきます。

— COLUMN 5 —

問題解決型の授業に心理的安全性はあるのか？

　日本の授業、特に算数においては、問題解決型の授業が数多く行われています。私の一斉授業も、基本的には問題解決型の授業です。
　一般的には、問題解決型の授業は、以下のように行われます。
問題把握⇒課題設定⇒見通し⇒自力解決⇒集団検討（練り上げ）
　⇒まとめ⇒適用問題
　「〇〇スタンダード」として、学校や教育委員会で統一しているところもあると聞きます。
　本来、問題解決型の授業は、子どもが主体的に考え、議論し、解決策を見つけることを目指す教育方法です。しかしながら、形式的な問題解決のステップを踏むだけで、教師主導の「形骸化」したものになっていることが問題視されています。また、一部の子どもたちの発言で授業が進み、多くの子どもがお客さんになっている状態の授業も数多く見られるようです。
　このような形骸化した問題解決型の授業に、心理的安全性はあるのでしょうか？　私は、ほとんどないと思っています。
　私の自戒でもあるのですが、

> ①子どもたち一人ひとりの話しやすさは保証されているか？
> ②互いの学びを深めるために助け合いは起こっているか？
> ③自ら問題解決に挑戦しようとする姿勢は見られるか？
> ④一見まとはずれのような意見も受け止められ、歓迎されているか？

といった心理的安全性を高める４因子の視点で、自らの授業を問い直す必要があるのではないでしょうか。
　そして、根本である「なんのための問題解決型の授業か？」という目的を意識して、様々な手立てを講じたいものですね。

第6章

子どもたちが
身を乗り出す！
GIGAスクール構想
×心理的安全性

1 話 助 挑 新
コミュニケーションが生きる 一人一台端末の活用

GIGAスクール構想の本質

　GIGAスクール構想が始まって4年目が終わろうとしています。

　そもそも、GIGAスクール構想の本質とはなんでしょうか？　坂本良晶氏は、GIGAスクール構想の本質を「クラウド活用にある」としています。そして、クラウド上にデータがあることのメリットとして、「共同編集」「相互参照」「相互評価」ができることの3つを挙げています（坂本 2023）。

　この3つのメリットは、自然とコミュニケーションを生みます。たとえば、「共同編集」です。アウトプットのためのプレゼンテーション資料を作る際に、対面で話し合いつつも、デジタル上で分担して同時に作業できるわけです。「相互参照」「相互評価」においても、端末上でも対面でもコミュニケーションが促進されます。

選択肢を増やすことが「話助挑新」に繋がる！

　端末の活用によって、コミュニケーションが活発化するためには、子どもたちが一人一台端末を文房具のように使えるようになることが必要です。端末の文房具化には、タイピング力向上が不可欠です。多種多様なタイピング力向上への取組を意図的に行ったり、タイピングをする機会を十分に確保したりすることで、子どものタイピング力が確実に向上します。

　アナログだけでなく、デジタルツールといった選択肢が増えることは、子どもにとって「話助挑新」を楽しむことに繋がります。意図的・

計画的に、タイピング力向上の手立てを講じていきましょう。

タイピング力向上への取組

私が担任する学級では、以下のような取組を行っています。

取組	その具体例
ローマ字の習熟	小テストの実施、連絡帳の一部をローマ字で書く、朝のお迎え黒板のローマ字を読む
グループチャットの自由化	詳しくはp.106-p.107を参照 ⇒活用の判断は子どもの意思決定による
タイピングゲーム	タイピング練習としてゲームを活用
タイピング確認の実施	Microsoft Formsを用いて、月に1回タイピング力の検査を行う

問題は子どもと一緒に解決！

　端末を活用していくと、初期段階では様々な問題等が起こります。
　だからといって、「端末の活用を一時的に禁止する」「端末を該当児童から取り上げる」といった手段を講じることは、はっきり言って悪手です。子どもたちの信頼感とともに、学級の心理的安全性は間違いなく下がります。
　大切なことは、端末を活用していく中で起こる問題を、子どもたちと一緒に解決していくといった教師のマインドです。
　子どもたちのICTリテラシーを高めることも大切なことです（p.104-p.105参照）。オンライン上で関わることが増えるからこそ、ICT活用スキルだけではなく、「自分の言動が他者にどのような影響を与えるかを常に考える習慣をつけること」がポイントです。
　「端末の文房具化」は、子どもたちと問題解決を図った上にあるのです。だからこそ、粘り強く支援していきましょう。

2 ICT端末の スムーズな活用のために

子ども自身が最適なツールを選択する

　GIGAスクール構想におけるICT環境整備の目的は、「これまでの教育実践の蓄積×ICT＝学習活動の一層の充実、主体的・対話的で深い学びの視点からの授業改善（文部科学省 2020）」と位置づけられます。

　これを踏まえると、「アナログとデジタルの両輪」を前提に、以下のように捉えることが肝要です。

子どもたち一人ひとりが、端末を含めた最適なツールの活用を自分自身で判断すること

　端末を文房具化するためには、日常的に活用し続けることが欠かせません。これにより、間違いなく子どものスキルやリテラシーは、成長します。その結果、自己判断による効果的な活用ができるようになっていくのです。

各々の方法で学びを進めることの重要性

　「文字を書くことは苦手だけどタイピングは得意」といったように、子どもたち一人ひとりの特性は違います。教科や領域、状況によって、デジタルとアナログを使い分けている子どももいます。安心してそういう選択ができるようにしたいものです。

　だからこそ、揃わないことを前提に、子どもたちに「デジタルとアナログの選択」を委ねていきましょう。その上に、「デジタルとアナログのスムーズな両立」があります。

自分で選択できるようになるための問いかけ

「最適なツールの活用を自分自身で判断する」ことが当たり前になってくると、「端末を使う子どももいれば、紙媒体を使う子どももいる」という状態になります。状況によって変える子どももいます。

この状態を当たり前にするためにも心理的安全性が大切です。教師だけでなく、学級全体で、「自ら選んだ行動が尊重される」「人と違うことをやっていても大丈夫」という空気が必要だからです。

そのために、特に初期段階では、次のような問いかけをしています。

○「なんのためにそのツールを活用しているの？」
○「本当に今それが適切かな？」

との問いかけを通して、子どもたち自身に使い方を考えてもらいます。

ICTリテラシーと心理的安全性

一般的にリテラシーとは、「特定の分野において情報を理解し、評価し、活用する能力」を指します。

学校現場でよく挙がるリテラシーとしては、「メディアリテラシー」「読解リテラシー」「数学的リテラシー」などがあります。この中でも近年重要視されているものが、「ICTリテラシー」です。

ICTリテラシーは、基本的なコンピュータ操作に加え、インターネットの利用、デジタルコミュニケーション、デジタルセキュリティ、問題解決能力などの要素が含まれます。

子どもたちが、ICTリテラシーを高めるメリットは、コミュニケーション能力の向上、情報リテラシーの向上などたくさんあります。心理的安全性の視点で言えば一番のメリットは、「安心感の向上」です。対人関係のリスクを排除して意見しやすくなるからです。安心感が向上することによって、デジタル技術の使用に対する不安が軽減されます。結果として、特に「挑戦」と「新奇歓迎」がしやすくなるのです。

3 「話助挑新」が活性化する グループチャットの活用

グループチャットで考えを共有しよう！

　Microsoft Teamsをはじめとするコミュニケーションツールには、グループチャット機能が搭載されています。グループチャットは、学級全員が投稿でき、互いの投稿を見ることができます。簡単に考え方やアイデアを共有することができるわけです。

　たとえば、算数の授業でグループチャットで共有する効果について、加固希支男氏は以下の3つを挙げています（加固 2021）。

- 自分やまわりの人以外も同じ考え方をしていることがわかると、自信がつく。
- 自分やまわりの人とは違う考え方をしている人がいることがわかると、他の考え方で見直すことができる。
- 解けずに困っている子どものヒントになる。

どの教科・領域等でも同様の効果が得られることでしょう。

グループチャットの活用で4因子が高まる！

話しやすさ	発言が苦手な子どもも、グループチャットであれば発言しやすい
助け合い	グループチャットでの共有により、困っている子どもへの手助けとなる
挑戦・新奇歓迎	気軽に共有できるため、挑戦的なアイデアや新しい視点が生まれやすい

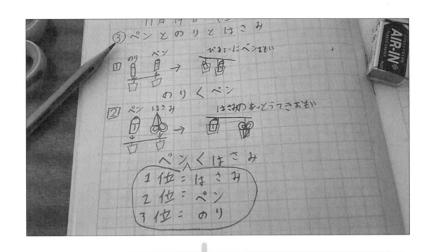

> ある子どもがノートの投稿をしていました。この投稿を見たある子は、直接投稿者のところへ行って対話をしていました。
> このように、自然と新たなコミュニケーションが生まれます。

　このように、グループチャットの活用により、4因子「話助挑新」の取組が高まっていくと考えられます。

チャットは子どもと関わるチャンス！

　授業での視点でグループチャットの活用について述べましたが、子どもたちは休み時間にも使っています。たとえば、挨拶、朝ご飯の話、朝会の振り返りなどの会話をしています。授業でも休み時間でも、割と自由に活用しているわけです。
　これらのチャットは、「教師が子どもと関わるチャンス」でもあります！　チャット上でも対面でも、どんどん声をかけていきましょう。

4 (助)(挑)(新) どんどん自分でできる PCマスターへの道

「慣れ」がICTスキルを向上させる！

ICTを活用するには、タイピング以外にも様々なスキルが必要です。たとえば、文書及びスライド作成ソフトの操作、インターネットでの検索、マルチメディアの利用です。まず大切なことは、

○基本操作に慣れる機会の確保
○授業の中で活用する機会の確保

です。

一方で、身に付けたいICTスキルについて子どもが見通しを持つことができるようにすることも必要です。様々な自治体等で、情報活用能力の体系表を作成していることからも大切であることがわかります。

基礎スキルが「挑戦」と「新奇歓迎」を引き出す

私は、子どもたちのICTスキルを高めるために「PCマスターへの道」というスキル表を子どもに渡しています。

スキルを段階的に習得できるよう、昇級型の表にして、徐々にレベルアップできる仕組です。

子どもは、スキルレベルを自己評価しつつ、楽しみながら取り組むことができるわけです。

この表では、興味のある子どもがどんどん「挑戦」していきます。あえて基礎的なスキルのみに限定しておくことで、「先生、〜みたいなスキルも大事じゃない？　もっと新しい段を作ろうよ！」という新

たな提案もこれまでに何度もありました。まさに「新奇歓迎」を引き出しているわけです。

そして、スキルを身に付けていく上で、自然と「教え合い（助け合いの因子に直結）」も発生します。

PCマスターへの道

スキル表の一部を紹介します。

級・段	スキル	チェック
初級	⑫Microsoft Teamsで、チャットに入力できる。	
	⑬Microsoft Teamsで、リアクション（絵文字）ができる。	
	⑭Microsoft Teamsで、アンケートをとることができる。	
	⑮デスクトップの画面やMicrosoft Teamsのアイコンの画ぞうを変えることができる。	
初段	⑯「snipping tool」や「切り取り＆スケッチ」を使って、画面を切り取ることができる。	
2段	⑰検索エンジンで調べたいことをうまく調べることができる。	

右側の枠は、チェック欄です。本校は端末の持ち帰りを行っているため、初級の確認に関しては保護者にもご協力いただいています。たとえば、自宅でスキルをマスターできた時には、保護者にチェックをつけてもらいます。
はじめは5段まででしたが、子どもたちの声によって実際は12段まで作成してあります。

5 「助け合い」を引き出す PCマスター免許証

PCマスター免許証を授与しよう！

　p.109で紹介した「PCマスターへの道」の初段以上をクリアした子どもへ、私の学級では「PCマスター免許証」を発行しています。新たに昇段した際には、更新して発行しています。

あまちゃん免許（PCマスター）

氏名	霜月　天治郎	令和6年度3の3
交付	令和7年2月5日	
令和10年3月31日まで有効		
段位	4段	
番号	第10号	
typing	1分間52文字 Typing Master	

　この免許証の取得自体が、「挑戦」の因子を引き出します。また、子どもの自信にも繋がります。「挑戦」だけではありません。この取組最大の強みは「助け合いの連鎖」が生まれることなのです。

助け合いの連鎖

　PCマスター免許証制度による「助け合い」は、以下のように引き出されていきます。

①ICTスキルについてわからないことや困ったことがあれば、PCマスターに聞く
②聞いた子どもがICTスキルを身に付ける
③新たにICTスキルを身に付けた子どもが別の誰かの力になる

　まさに「助け合いの連鎖」です。教師に聞くのではなくPCマスターに聞くような環境設定にすることで、ICT分野においてリーダーになることができる子どもを増やすわけです。
　これは、子どもたちの自己効力感の向上にも繋がっていきます。

「助け合い」は苦手な子へのサポートにもなる

　ICTスキルは、得意・不得意の個人差が生じやすい分野です。
　「困った時はどんどん聞こう！」「助けを求められたら、喜んで教えよう！」といったマインドを、子どもたちが身に付けておくことが大切です。
　そして、「人間は得手・不得手があるもの」「素直に『教えて』と言える子は伸びる」といった語りも定期的に行って、苦手な子への配慮もしていきましょう。
　ICTスキルに限らず、お互いの強みを生かして、学級の仲間の力を引き上げていく環境をつくることが、「助け合い」の因子を高めるためのポイントの１つです。
　子どもたちが生む「助け合いの連鎖」を、しっかり価値づけていきましょう。

6 「話しやすさ」を引き出す Padlet活用法

教育掲示板Padlet

　Padletは、教育掲示板アプリです。文書や画像等を整理、共有する際に役立ちます。Padletでは教員がボード（掲示板）をつくり、子どもを招待することで利用できます。

　Padletには、6種類のボード（ウォール、キャンバス、タイムライン、ストーリーボード、ストリーム、マップ）があり、学習活動に応じてより適切なボードを選択することが可能です。キャンバスを除く5つのボードには、セクションのON/OFF機能もあります。

　Padletは、「相互参照・相互評価がしやすい」「学びの蓄積がしやすい」などの特徴が挙げられます。これらの特徴を生かして、様々な教科・領域等で活用ができます。

Padletで引き出す「話しやすさ」

　Padletは、子どもが登録しなくても活用できます。登録していなければ匿名投稿になるので、気軽に意見を述べやすいとも言えます。

　表現方法も、文字、図、音声など自由に選べるため、表現へのハードルがかなり下がります。

　また、コメントやいいね（ハートマーク）機能をONにしておくと、「相互評価」もできます。これにより、クラウド上での話し合いが活発に行われやすくなります。

　こうした「情報共有が頻繁に行われる環境」をつくりやすいことが、Padletの特徴です。

Padletでオンライン美術展をしよう！

「オンライン美術展」では、子どもたちが自ら製作した作品を無記名でアップロードします。学級通信等を通して保護者にQRコードを共有することで、子ども同士だけでなく、保護者からのコメントなどももらえます。

コメントの扱いは随時注意する

　Padletで、「話しやすさ」の因子は間違いなく高まります。一方で、無記名で投稿できるからこそ、問題も起こりやすいです。

　それを防ぐためにも、「自分のコメントには責任がある」「みんなが気持ちよく使えるように考えてコメントしよう」などの語りは、定期的に行いましょう。

7 ㊙㊗㊛ 「助け合い」を引き出す Canva活用法

デザインツールCanva

　Canvaは、簡単操作で誰でもいろいろなデザインを作成できるグラフィックデザインツールです。プレゼンテーション資料、動画、ポスター等、様々なものが作成できます。

　学校現場で使うという視点で、Canvaのメリットを捉えてみると、「共同編集」「相互参照」「相互評価」ができることの３つが挙げられます。

> **共同編集：クラウド上にデータがあることで、子どもたちが同じデータを同時に編集できる**
> **相互参照：子ども同士で互いの考えを見合うことができる**
> **相互評価：アウトプットに対して、互いにフィードバックできる**

Canva活用で引き出す「助け合い」

　Canvaには、本当に様々な機能があります。そのため、使っていく中でよりよい操作方法等を発見して、互いに共有し合うということがよく起こります。私も、子どもの発見から共有してもらった方法がこれまでにたくさんありました。

　そして、「共同編集」機能を活用した取組を行っていると、子ども同士で作り方や内容等を相談しながら、スキルの高い子どもが困っている子どもに教えるといったこともよく起こります。

　「学び」の側面で見ると、協働的な学びの実現に寄与しているのです。「心理的安全性」の側面で見ると、「助け合い」の因子を高めることに

なります。

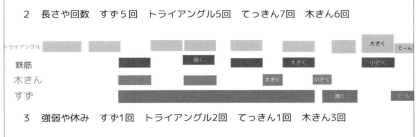

2年生の音楽の時間に行った「音楽づくり」の時間で活用したCanva画像です。共同編集中にも、楽器の練習中にも、互いに助け合っていました。

Canvaはあくまで手段、本質を忘れずに

　Canvaの共同編集では、特に「助け合い」の因子が高まります。また、Canvaをどんどん活用していく中で、「挑戦」や「新奇歓迎」も引き出されていきます。

　一方で、Canvaの活用はあくまで「手段」であることに気を付けましょう。もちろん初期段階では、Canvaの活用が「目的」になることは間違いなくあります。しかしながら、教科の本質を捉えるため、どのようにCanvaを活用するかをしっかり教材研究し、操作のみで終わらないことが大切です。

「挑戦」を引き出す Kahoot! 活用法

教育用ゲームができるKahoot!

　Kahoot! は、クイズ大会を開ける教育用アプリケーションです。遊び感覚で学ぶことができます。様々なモードや本格的なアニメーション、ランキング発表等、ゲーム的な要素が子どもたちを夢中にさせてくれます。

　私の学級では、よく単元末の確認プレテストとして、Kahoot! を活用しています。「既存の問題」と「教師が作った問題」以外にも、「Kahoot! に登録している子どもが作った問題」や「学級のみんなで作成した問題」と様々です。

　Kahoot! の特徴は、「楽しみながら知識・技能を習熟できること」です。子どもたち自身が問題を作ることを通して、より学びを深めることもできます。つまり、Kahoot! を効果的に活用すれば、「知識・技能の習熟」と「思考力、判断力、表現力等の育成」ができるわけです。

Kahoot! で引き出す「挑戦」

　Kahoot! は、参加者の「挑戦」する姿勢を育むことのできるアプリです。「ゲーム感覚での学びによって、『挑戦』することが楽しくなる」「多種多様な問題が公開されているため、『挑戦』の意欲が高まる」といった点からです。

　問題作成者の視点では、みんなの学びのために何を問題にすればよいか、考えることになります。それ自体が「挑戦」になります。仮に

4 - ○×問題
$3×5+3=3×6$

5 - クイズ
$3×8+3=?$

6 - ○×問題
$3×8=23?$

7 - ○×問題
3×6の九九の読み方は、「さぶろく」である。

> ある2年生の子どもが作った「3の段Kahoot!」です。作成後、友だちによりよい問題にするためのフィードバックをもらい、修正もしていました。
> 使い方によっては、「助け合い」の因子も高めてくれるわけです。

間違いがあっても、その子に対して周りからの「問題を作ってくれてありがとう」の気持ちが、作り手のさらなる「挑戦」を引き出していきます。

誰のための、なんのためのクイズか？

Kahoot! は、Microsoft FormsやExcelを用いれば、誰もが自由に問題を作ることができます。問題作成者の視点で考えると、トライ・アンド・エラーがしやすい、つまり「挑戦」がしやすいわけです。

ここに「誰のために作るのか？」という相手意識や「なんのために作るのか？」という目的意識が加わると、「話しやすさ」「助け合い」「新奇歓迎」の因子も引き出されていきます。

右上のQRコードは、Kahoot! 公式サイトにある問題作成テンプレートをダウンロードするページに繋がっています。英語表記ではありますが、このテンプレートを活用すれば、簡単に問題作りが共同編集できます。

9 「新奇歓迎」を引き出す生成AI活用法

学校現場でも使える生成AI

最近、「生成AI」が大いに注目を集めています。「生成AI」とは、テキスト・画像・音声などを自動的に生成できる技術のことです。

ChatGPT、Microsoft Copilot、Google Gemini等が代表的な例ですが、本章で紹介したPadletやCanvaにも搭載されています。学校現場でも、AIの活用がますます広がっていくでしょう。

生成AIは「協同探究者」！

p.50-p.51でも述べたように、私の学級では生成AIを「協同探究者」として位置づけています。

右上の板書は、2年生の道徳の授業のものです。生成AI（私の学級では、Microsoft CopilotとChatGPTを活用しています）の意見を板書した上で、そこから派生する考えなどを記述していきました。

生成AIは多様な情報源から知識を引き出すことができるため、子どもたちに新しい視点やアイデアを提供することができます。まさに、「新奇歓迎」です。

さらに、生成AIが提供する情報や意見に対して、子どもたちが批判的に考える機会が増えることで、批判的思考力が高まっていきます。批判的思考力が高まることで、子どもたちは既存の知識や情報に対して問いをもち、新しい視点やアイデアを生み出す力が養われます。

生成AIを活用することで「新奇歓迎」が引き出されていくのです。

子どもたちと生成AIの使い方を考えよう！

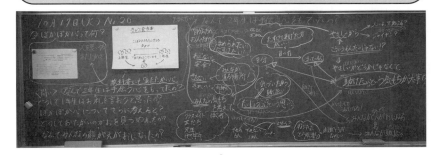

生成AIの「困っている人を助けると、みんなが笑顔になる」という意見に対して、ある子どもは「なんで？」と問い返しました。その批判的な意見を生成AIに投げかけ、さらに意見をもらいました。あまり納得がいかなかったその子どもは、授業後も生成AI（操作は私）と対話をしていました。

　私の学級では、

ChatGPT：あまちゃもん
Microsoft Copilot：あまこ

と、子どもたちが名付け、呼んでいます。
　「協同探究者」として位置づける上で、愛称をつけることは効果的だと感じています。
　もちろん、生成AIの導入には倫理的な問題やプライバシーの保護など、慎重に検討すべき課題もあります。しかしながら、適切に活用することで学校現場に大きなメリットをもたらす可能性があります。
　だからこそ、ガイドラインに沿ってどんどん使って、使い方を模索することが大切です。

10 　話　助　挑　新

「話助挑新」を引き出す Minecraft Education活用法

Minecraft Educationでエデュテインメント

　もの作りゲームの一種であるMinecraftが、子どもたちの中でかなり流行しています。Minecraftでは、ブロック等の素材の組み合わせでオリジナルの世界を構築するなど、創意工夫してプログラミングしながら遊ぶことができます。一般的なゲームのように明確なルールやゴールがなく、人それぞれの楽しみ方があることも特徴の１つです。

　これを、プログラミング教育・情報教育・協同学習などの教材として使えるようにした教育向けエディションが、Minecraft Educationです。

　教育版では、教師を含む学級全員で１つの世界を共有でき、その中で共同作業を行います。共同作業を通して協調性も身に付けながらプログラミング的思考を学ぶことのできる教材になります。まさに、教育×娯楽（エデュテインメント）ですね。

必然的に「話助挑新」が引き出される！

　ある子どもたちはMinecraft内に学区にある紳士服量販店を作成していました。「あっ、このお店はA●KIだ！」と一目でわかるくらい再現性の高いものでした。

　これは第２学年生活科「まちたんけん」の単元において、Minecraft Educationを活用した取組です。子どもたちが、自分たちで探検した学区の施設やお店をMinecraft内に再現しました。

　子どもたちはお互いの端末を使いながら、話し合い・助け合いなが

ら作成していました。お店の手前には石の階段があり、この階段は現実には存在しないのですが、お店を際立たせるために作成したそうです。まさに「挑戦」であり、「面白いアイデア（新奇歓迎）」ですね。

　また他の子どもたちも様々な施設やお店を、町探検グループの仲間と助け合いながら作成していました。町探検ワールドを作成する過程で、自然と４因子「話助挑新」が引き出されるわけです。

学習がうまくいく３つのポイント！

　Minecraft Educationを学習で活用しながら心理的安全性の高い学級をつくる場合、いくつかの留意点があります。私が子どもたちに特に意識させていたマインドは、以下の３つです。

①いろいろとチャレンジしよう！　失敗しても「ドンマイ！」
②どんどん相談しよう！　話しながら作ることがベター！
③もし壊しちゃったら素直に「ごめんね」

　活用する中で「トラブルが起こって当然！」という教師のマインドも大切になってきます。常に問いかけながら、子どもたちと一緒に考えていきましょう。

— COLUMN 6 —

未来の教育とテクノロジー

　教育の未来は、テクノロジーの進化とともに大きく変わろうとしています。単に知識・技能を伝達するだけでなく、子どもたち一人ひとりの個性やニーズに合わせた学びを提供することが求められています。

　生成AI等を用いたより最適化された個別学習、バーチャルリアリティー（VR）と拡張現実（AR）の活用等、教育とテクノロジーの進化はとどまることを知りません。今の我々が想像している以上の進化が、我々が思っている以上に早く訪れます。

　そのような中、教師の役割はどうなるのでしょうか？　これまで以上に、「コーチ」や「メンター」、そして「協同探究者」としての役割が求められるようになるでしょう。テクノロジーを活用しながら、子ども一人ひとりの成長を見守り、適切なフィードバックをすることが重要となっていきます。

　さらに、テクノロジーの進化に伴い、心理的安全性の確保も重要な課題となります。

　「端末を活用する」と「心理的安全性を高める」の二軸は、よりよい学級や授業の「両輪」です。心理的安全性が高まることで、子どもたちは自分のアイデアを恐れずに表現することができます。そして、端末の活用はそのアイデアを具現化する多様な手段をもたらします。逆もしかりです。互いの安心・安全が確保された空間で、様々なチャレンジや失敗を繰り返すことで、ICT活用リテラシーは間違いなく高まっていきます。

　いかにテクノロジーが進化しようと、これまでの学校現場でも大切にされてきたように、「心理的安全性を高めること」が未来の教育においても鍵となるのです。

参考文献

阿部真也（2020）『心理テクニックを使った！戦略的な学級経営』東洋館出版社

石井遼介（2020）『心理的安全性のつくりかた「心理的柔軟性」が困難を乗り越えるチームに変える』日本能率協会マネジメントセンター

一色翼・藤桂（2022）「保護者に対する小学校教師の心理的安全性が創造的な教育実践に及ぼす影響」『心理学研究』第93巻第4号

エイミー・C・エドモンドソン、野津智子（訳）（2014）『チームが機能するとはどういうことか——「学習力」と「実行力」を高める実践アプローチ』英治出版

エイミー・C・エドモンドソン、野津智子（訳）、村瀬俊朗（解説）（2021）『恐れのない組織——「心理的安全性」が学習・イノベーション・成長をもたらす』英治出版

加固希支男（2021）「『個別最適な学び』を実現する算数授業のつくり方（5）『1人1台端末』を活用した個別最適な学び」『教育zine』
https://www.meijitosho.co.jp/eduzine/kkako/?id=20210662
（2024.8.3最終確認）

加固希支男（2023）『小学校算数「個別最適な学び」と「協働的な学び」の一体的な充実』明治図書

葛原祥太（2019）『「けテぶれ」宿題革命！——子どもが自立した学習者に変わる！』学陽書房

黒上春夫・小島亜華里・泰山裕（2012）「シンキングツール〜考えることを教えたい〜」
https://ks-lab.net/haruo/thinking_tool/short.pdf（2024.8.2最終確認）

坂本良晶（2023）『生産性が爆上がり！さる先生の「全部ギガでやろう！」』学陽書房

杉山吉茂（2012）『確かな算数・数学教育をもとめて』東洋館出版社

田中博史（2004, August25）「田中博史が提案するクラスの子どもの笑顔が増える7つのお話」『算数授業研究』35、pp.22-24

土居正博（2022）『授業で学級をつくる』東洋館出版社

豊田光世（2020）『p4cの授業デザイン 共に考える探究と対話の時間のつくり方』明治図書

奈須正裕（2024, December1）「自由進度学習とこれからの学び 自由進度学習とは何か。なぜ今、求められているのか」『授業力＆学級経営力』177、pp.6-9

橋本佳恵・押木秀樹（2011）「小学生の書字における場面に応じた書き分け能力に関する研究——場面ごとの丁寧さ・速さ等のバランスと認識力・技能の把

握から」『書写書道教育研究』第26号、pp.40-49
原田将嗣（著）、石井遼介（監修）（2022）『最高のチームはみんな使っている心理的安全性をつくる言葉55』飛鳥新社
正木孝昌（2007）『受動から能動へ ── 算数科二段階授業をもとめて ──』東洋館出版社
森敏昭（2008）「思考と言葉の力 ── メタ認知の育成法」『児童心理』62巻13号pp.1163-1168
文部科学省（2020）「GIGAスクール構想の実現へ」　https://www.mext.go.jp/content/20200625-mxt_syoto01-000003278_1.pdf（2024.8.3最終確認）
文部科学省、総務省、経済産業省「小学校を中心としたプログラミング教育ポータル 未来の学びコンソーシアム」（教育版マインクラフト）
渡辺道治（2022）『BBQ型学級経営』東洋館出版社

おわりに

　「先生、『走っちゃだめだよ』って言うんじゃなくて、『歩いてくれると嬉しいなあ』って言った方がいいよ！」

　この言葉は、令和５年度の私の学級に在籍していた子どもが私に言った言葉です。本書でも提案した「Ｉ message」が浸透していることへの喜びに加え、「対等な一人の人間」としてしっかり意見をしてくれたことに感動しました。
　「心理的安全性」という概念を軸としたここ数年の私の学級では、上述したような私への健全な意見がこれまで以上に増えました。子どもたちが、「対人関係のリスクをとっても大丈夫だ」と安心してくれている証の一つといえるでしょう。
　そんな子どもたちを心の底から尊敬しています。なぜなら、子どもたちが大人に意見することは、かなり勇気のいることだと考えているからです。大人の我々も、目上の方に意見することを臆することがありますよね。だから、本当に子どもたちって凄いなといつも思っています。
　学級の心理的安全性は、教師一人でつくることは絶対にできません。これは、断言できます。「教師と子どもたちは、よりよい学級をつくるための仲間」という互いの意識が大切なのです。

　さて皆さん、本書はいかがだったでしょうか？
　ここまでお読みいただいた皆さんには、学級の心理的安全性を高めるための教師のマインドや方法について、少しでも理解を深めていただけたのではないかと思います。また、心理的安全性の概念は、昔から学校教育で大切にされてきていることでもあると感じていただけたのではないでしょうか？　これまで先人が積み重ねてきたものを、「心理的安全性」の視点から捉え直すことが大切だと考えます。

「はじめに」でも述べましたが、子どもを取り巻く環境は日々変化し続けています。VUCAの時代と呼ばれるように、もはや予測不可能です。ただ、このような時代にあっても、子どもたちが安心して学び合い、成長できる環境をつくることは、私たち学校教育に携わる人々にとって永遠のテーマであり課題です。

　一方で、学級の心理的安全性を高めるための取り組みは、一朝一夕で成果が出るものではありません。これは、読者の皆さんも感じているところでしょう。学級の心理的安全性を高めていく過程で悩み、うまくいかないと嘆くこともあります。私もそうですし、日々反省しかありません。しかしながら、日々の小さな積み重ねが、やがて大きな変化を生むと信じています。

　本書は、大好きな子どもたちとの日々があったからこそ書き上げることができました。学級の在り方について、共に悩み、考えてくれた子どもたちと、いつも支えてくださった保護者の皆様には、心より感謝申し上げます。

　また、株式会社ZENTechの原田将嗣さんをはじめ、リアル・SNS限らず応援してくださった仲間たちと家族には、感謝の気持ちでいっぱいです。

　そして、本書を執筆するきっかけをくださり、監修もしてくださった中部大学准教授 樋口万太郎先生と粘り強く執筆に付き合ってくださった学陽書房 土田萌さんに、この場をお借りして御礼申し上げます。

　最後に、本書を手に取ってくださり、「心理的安全性を軸にした学級運営」について一緒に考えてくださった読者の皆さんにも、心より感謝申し上げます。

　これからも、子どもたちの未来を支えるために、共に学び、成長していきましょう。

2025年2月

天治郎こと天野翔太

著者紹介

天野　翔太（あまの　しょうた）

埼玉県さいたま市公立小学校教員。平成30年度さいたま市長期研修教員（算数・数学）。志算研・EDUBASE所属。デジタル推進委員及びSDGsラジオアンバサダー。

心理的安全性AWARD2023において、小学校学級担任として初めてSILVER RINGを受賞。同2024においても、2年連続SILVER RINGを受賞。X（旧Twitter）やFacebookにて、学級の心理的安全性をはじめとして、算数授業及びICTの活用についても情報を発信。オフライン・オンラインセミナーの講師も多数務める。単著に『1人1台端末フル活用！　新4大アプリで算数授業づくり―Canva・Kahoot!・Padlet・Minecraft Education―』（東洋館出版社）、『小学校算数　問題提示×発問＝子どもの問い』（明治図書）がある。

監修者紹介

樋口　万太郎（ひぐち　まんたろう）

1983年大阪府生まれ。中部大学現代教育学部現代教育学科准教授。大阪府公立小学校、大阪教育大学附属池田小学校、京都教育大学附属桃山小学校、香里ヌヴェール学院小学校での教諭兼研究員としての勤務を経て、現職。全国算数授業研究会幹事、学校図書教科書「小学校算数」編集委員。主な著書に『子どもの問いからはじまる授業！』『仲よくなれる！　授業がもりあがる！　密にならないクラスあそび120』（共編著）（以上、学陽書房）、『GIGA School構想で変える！』シリーズ（明治図書）、『GIGA School時代の学級づくり』（東洋館出版社）、『「あそび＋学び」で、楽しく深く学べる　国語アクティビティ200』（共著、フォーラム・A企画）など著書多数。

子どもが変わる！
心理的安全性のある学級のすごい仕組み

2025年3月12日　初版発行
2025年4月8日　2刷発行

著　者	天野　翔太（あまの　しょうた）
監　修	樋口　万太郎（ひぐち　まんたろう）
発行者	光　行　　明
発行所	学　陽　書　房
	〒102-0072　東京都千代田区飯田橋1-9-3
営業部	TEL 03-3261-1111／FAX 03-5211-3300
編集部	TEL 03-3261-1112
	https://www.gakuyo.co.jp/

ブックデザイン／スタジオダンク
本文イラスト／ももひら
DTP 制作・印刷／精文堂印刷
製本／東京美術紙工

ⒸShouta Amano 2025, Printed in Japan.　ISBN 978-4-313-65528-7 C0037
乱丁・落丁本は、送料小社負担でお取り替え致します。
JCOPY〈出版者著作権管理機構　委託出版物〉
本書の無断複製は著作権法上での例外を除き禁じられています。複製される場合は、そのつど事前に、出版者著作権管理機構（電話03-5244-5088、FAX 03-5244-5089、e-mail: info@jcopy.or.jp）の許諾を得てください。
※ QR コードは株式会社デンソーウェーブの登録商標です。